Chroniques
PyData Paris 2024

Compilation de voix, reflections, enseignements et tendances en Python et Data Science

Jonathan Lalou

Première édition : décembre 2024
Deuxième édition : mai 2025
Publié par SayaSoft Publishing Ltd.
https://www.sayasoft.fr
Image de couverture : Jonathan Lalou

À propos de l'auteur

Jonathan Lalou est un ingénieur accompli, fort de plus de vingt ans d'expérience dans l'architecture et le développement de solutions logicielles complexes. Diplômé de l'École Nationale Supérieure des Mines de Nancy, il apporte à son travail une solide base de principes en mathématiques et informatique. Sa carrière comprend notamment plusieurs postes de direction, ayant commencé en tant que CTO peu après l'obtention de son diplôme et ayant occupé différents postes, de développeur junior au Staff Engineer en passant par architecte transverse et Software Architect.

Son parcours l'a mené dans des entreprises telles que Sungard, StepInfo / Talan, Paymentus, HSBC et BNP Paribas, où il a pu développer une expertise dans un large éventail de technologies, notamment Java/JEE, les méthodologies agiles et le cloud. Ce bagage technique étendu, allié à une expérience significative du management et à de nombreuses heures de formation dispensées à ses équipes, font de lui un auteur et formateur apprécié, tant pour ceux qui assistent à ses conférences que pour les lecteurs de son blog et de son compte X (anciennement Twitter).

Pour suivre l'auteur :
- Blog : http://jonathan.lalou.free.fr
- LinkedIn : https://www.linkedin.com/in/jonathanlalou/
- StackOverflow   :
  https://stackoverflow.com/users/5804915/jonathan-lalou
- GitHub : https://github.com/JonathanLalou
- X : https://x.com/John_the_Cowboy

Du même auteur :

- *Apache Maven Dependency Management*, 2013, Packt, ISBN 978-1783283019
- *Application Development with Maven*, 2015, Packt, ISBN 978-1783286101
- *CTO Compass: a Guide for New CTOs*, 2025, SayaSoft Publishing, ISBN 979-8280696945
- *Finance for Software Developers*, 2023-2025, SayaSoft Publishing, ISBN 979-8281270113
- *Chronicles of PyData Paris 2024 | Compendium of Voices, Reflections, Learnings, and Trends in Modern Python Data Science*, 2023-2025, SayaSoft Publishing, ISBN 979-8282208375
- *Chronicles of AWS Summit Ottawa 2022 | Compendium of Voices, Reflections, Learnings, and Trends in Cloud Computing Community and AWS*, 2022-2025, SayaSoft Publishing, ASIN B0F7M4HB8S
- *Chronicles of AWS Summit Paris 2024 | Compendium of Voices, Reflections, Learnings, and Trends in Cloud Computing Community and AWS (with a French accent)*, 2024-2025, SayaSoft Publishing, ASIN B0F7RTVTHL

Sommaire

Préface

Avertissement : Ni l'auteur ni l'éditeur ne sont affiliés ou ne représentent PyData ou la fondation NumFOCUS. Cette publication est une œuvre indépendante, destinée à partager des connaissances et à encourager l'apprentissage au sein de la communauté plus large de la science des données.

Nous sommes ravis de publier ce livre — le premier de notre collection consacré à un événement autour de Python. Depuis des années, nous publions du contenu sur des technologies comme PHP, et surtout Java. Avec cette édition, nous faisons notre entrée, avec enthousiasme, dans l'univers de Python — un langage que nous admirons et utilisons depuis longtemps.

Créé au début des années 1990 par le programmeur néerlandais Guido van Rossum, Python a été conçu pour privilégier la lisibilité, la simplicité et le plaisir du développeur. Parti d'un projet personnel, il est devenu l'un des langages les plus aimés et influents au monde — propulsant aussi bien des applications web que le calcul scientifique, l'analyse de données ou l'intelligence artificielle. Son esprit de clarté et de communauté trouve un écho fort dans l'univers open source.

Parmi les nombreuses initiatives autour de Python, **PyData** s'impose comme un pilier de la science des données appliquée. Organisée sous l'égide de la fondation NumFOCUS, PyData est devenue un mouvement mondial. Ces conférences rassemblent les utilisateurs et développeurs d'outils data en Python (et au-delà), cultivant un esprit de partage et de progression collective.

La conférence **PyData Paris**, en particulier, gagne en ampleur chaque année. En 2024, elle a atteint un niveau remarquable de richesse et de maturité — reflet de la passion de la communauté qui l'anime et de la solidité des outils présentés.

Ce livre se veut un compagnon éditorial à cette expérience. Il est :

- Une source d'informations actualisées sur les tendances du secteur
- Un moyen rapide d'accéder aux enseignements, sans devoir regarder des dizaines d'heures de vidéos
- Un outil pour rattraper ce que vous auriez pu manquer
- Une formation de haut niveau dispensée par des experts internationaux — à un prix remarquablement accessible

Nous sommes particulièrement fiers de proposer ce livre en **versions française et anglaise**, afin de refléter la diversité du public de PyData Paris et de contribuer pleinement à la communauté locale et internationale.

Rappelons que ce livre — comme les autres de notre collection — a été conçu comme un recueil d'articles de blog. Chaque chapitre traduit la voix et les impressions d'une personne ayant assisté aux conférences, ateliers ou discussions. Il en résulte un style vivant et varié, à l'image de l'événement.

Je tiens à profiter de cette préface pour remercier chaleureusement toutes celles et ceux qui ont rendu PyData Paris possible : bien sûr les intervenants, mais aussi les organisateurs, les sponsors, les équipes de QuantStack et NumFOCUS, et toutes les petites mains sans qui rien de tout cela n'aurait pu voir le jour.

C'est une grande émotion de publier ce livre, après tant d'années passées aux côtés de Python. L'écrire fut à la fois un voyage et une joie. J'espère que vous prendrez autant de plaisir à le lire que j'en ai eu à le rédiger.

Merci d'avance pour votre confiance et votre curiosité. N'hésitez pas à me contacter pour toute remarque ou simplement pour échanger autour de Python.

Construire des applications d'ingénierie web avec les composants JupyterLab

Trung Le et **Martin Renou**, respectivement ingénieur logiciel et directeur technique chez QuantStack, ont livré une présentation captivante, intitulée « Construire des applications d'ingénierie web avec les composants JupyterLab ». Cette session a exploré comment l'architecture modulaire de **JupyterLab** permet de créer des applications d'ingénierie web sophistiquées, allant au-delà de ses racines en science des données. Trung et Martin se sont concentrés sur des applications comme la conception assistée par ordinateur (CAO) et les systèmes d'information géographique (SIG), présentant leurs projets open-source, **JupyterCAD** (un modeleur 3D paramétrique) et **JupyterGIS** (un outil SIG collaboratif). Une démonstration en direct a mis en avant la collaboration en temps réel, les interfaces personnalisables et les options de déploiement cloud. Cet article résume leur session, détaillant les capacités de JupyterLab, son application en ingénierie et des insights pratiques pour les développeurs.

L'architecture modulaire de JupyterLab

Trung commence par souligner le passage des outils d'ingénierie de bureau, comme FreeCAD, AutoCAD ou MATLAB, aux alternatives web, motivé par les besoins d'accessibilité et de collaboration. Convertir des applications de bureau en web est complexe en raison d'interfaces riches en boutons, nécessitant des dispositions multi-couches, des panneaux redimensionnables et une extensibilité par plugins. JupyterLab, traditionnellement une plateforme de science des données, offre une solution flexible. Son interface, avec des onglets, une console Python et des espaces de travail personnalisables, imite les outils CAO de bureau. Trung illustre cela en réorganisant l'interface de JupyterLab pour ressembler à celle de FreeCAD, remplaçant la vue notebook par une vue 3D. Le design modulaire de JupyterLab fournit des composants génériques (onglets, dialogues, palettes de commandes) et des fonctionnalités avancées (lanceurs, consoles), supportant la navigation par souris et clavier, l'accessibilité (e.g., support des lecteurs d'écran) et la personnalisation des thèmes. Ces composants, indépendants du noyau de JupyterLab, permettent aux développeurs de construire des applications sur mesure avec un effort minimal, comme vu dans JupyterCAD et JupyterGIS, qui héritent du style de JupyterLab tout en répondant aux besoins spécifiques de l'ingénierie.

Collaboration en temps réel et puissance de calcul

Martin et Trung mettent en avant les capacités techniques de JupyterLab pour les applications d'ingénierie. La collaboration en temps réel, une attente moderne, est activée par **Jupyter Collaboration**, un composant indépendant supportant tout type de document. Dans JupyterCAD, il facilite la modélisation 3D collaborative, où plusieurs utilisateurs éditent un modèle JSON, avec des changements reflétés instantanément. La démo de Martin montre deux utilisateurs manipulant une boîte et un cylindre 3D, appliquant une opération de coupe et ajustant les paramètres, avec des annotations visibles dans toutes les sessions. Pour les tâches intensives comme les simulations ou la génération de maillages, JupyterLab s'appuie sur **Jupyter Server** et **Jupyter Kernel**, agissant comme un courtier de messages et un exécuteur de tâches. Les développeurs peuvent encapsuler la logique dans des kernels Python ou créer des kernels personnalisés avec Xeus, déchargeant les tâches sur des machines distantes. Trung explique la flexibilité du déploiement : JupyterCAD peut être installé localement via pip, connecté à des kernels distants pour l'évolutivité, ou déployé via **JupyterHub** sur Kubernetes pour des configurations multi-utilisateurs. Un déploiement **JupyterLite** compile le noyau géométrique de JupyterCAD en WebAssembly, permettant un hébergement web statique sur GitHub Pages, démontrant son accessibilité sans dépendances backend.

Applications pratiques : JupyterCAD et JupyterGIS

La démonstration en direct, malgré de légers soucis techniques, met en évidence le potentiel de JupyterCAD. Martin crée une boîte et un cylindre 3D, applique une coupe et modifie les paramètres, démontrant un modèle JSON qui évite de stocker les données de maillage, réduisant la taille des fichiers et facilitant la collaboration. Une API Python permet la création programmatique de formes, traitant le kernel comme un autre collaborateur. JupyterCAD supporte les plugins, comme la compatibilité avec les fichiers FreeCAD, et suit l'architecture des plugins de JupyterLab, avec des modèles cookie-cutter facilitant le développement. JupyterGIS, un projet plus récent, étend cela aux SIG, supportant les formats de fichiers QGIS et l'édition collaborative de cartes. Trung et Martin positionnent ces outils comme des plateformes extensibles, invitant les développeurs à créer des plugins pour des formats de fichiers ou des actions personnalisées. Leur travail chez QuantStack, soutenu par NumFOCUS, met en lumière le potentiel inexploité de JupyterLab pour l'ingénierie, offrant une alternative collaborative et évolutive aux outils de bureau traditionnels, avec des options de déploiement adaptées à divers besoins.

Liens

- Replay sur YouTube: https://www.youtube.com/watch?v=XIOFlo8_9ws
- Trung Le sur LinkedIn: https://www.linkedin.com/in/trung-le-duc-744b031a8/
- Martin Renou sur LinkedIn: https://www.linkedin.com/in/martin-renou-344b9b156/
- Site web de QuantStack: https://quantstack.net/
- Explorez JupyterCAD sur GitHub: https://github.com/jupytercad/JupyterCAD

Construire des pipelines ETL à grande échelle avec Dask

Patrick Hoefler, Data Engineer chez Coiled, a présenté une session convaincante, « Construire des pipelines ETL à grande échelle avec Dask ». Cette conférence a détaillé comment **Dask**, une bibliothèque Python open-source, simplifie les pipelines ETL (Extract, Transform, Load) évolutifs grâce à des flux de travail natifs Python et cloud. Patrick a mis en avant les récentes améliorations de performance de Dask—traitement plus rapide des chaînes, optimisation des jointures et planification de requêtes—le rendant compétitif pour le traitement de données à grande échelle. Une démonstration en direct a comparé les anciennes et nouvelles implémentations de Dask, traitant des milliers de fichiers JSON dans une table Delta Lake. Cet article résume la session de Patrick, explorant les améliorations de Dask, son rôle dans les pipelines ETL et les stratégies de déploiement pratiques.

Refonte des performances de Dask

Patrick commence par positionner Dask comme une alternative évolutive à pandas pour le traitement de données tabulaires, historiquement limitée par la vitesse et les contraintes de mémoire. Au cours des 18 derniers mois, l'implémentation DataFrame de Dask a été entièrement réécrite, conservant une API presque identique mais transformant son moteur d'exécution. Les améliorations clés incluent l'adoption de **chaînes supportées par PyArrow**, réduisant l'utilisation de mémoire de plus de 50 % et augmentant la vitesse des opérations sur les chaînes de 2 à 3 fois, crucial pour les charges de travail distribuées. Un **algorithme de jointure** remanié a remplacé une approche gourmande en mémoire et à échelle non linéaire par une approche linéaire, utilisant le déchargement sur disque pour traiter des dizaines de téraoctets avec un RAM limité. L'introduction de **l'optimisation de requêtes**, inspirée des bases de données SQL, permet la projection de colonnes et le pushdown de prédicats, ne lisant que les données nécessaires (e.g., 5–20 % d'un jeu de données) et réorganisant les opérations pour plus d'efficacité. La démo de Patrick illustre cela : une requête avec filtres, fusions et agrégations s'exécute en 50 secondes avec le nouvel optimiseur, contre 950 secondes avec l'ancien brassage basé sur les tâches, gérant 6 000 tâches au lieu de 400 000.

Simplifier l'ETL avec des flux Python natifs

Dask excelle dans les pipelines ETL, en particulier pour les sources de données volumineuses et désordonnées. Patrick décrit le processus ETL : extraire des données de formats non structurés (e.g., JSON, XML, données de capteurs), les transformer en une structure adaptée et les charger dans des entrepôts de données comme Snowflake, Delta Lake ou Big Query. Contrairement à Spark, qui repose sur Java, la nature exclusivement Python de Dask permet une intégration fluide avec les outils de l'écosystème Python (e.g., Prefect, Airflow) et des fonctions définies par l'utilisateur (UDFs). Les connecteurs de Dask supportent Big Query, Snowflake et Delta Lake nativement, tandis que sa flexibilité gère les données du monde réel, comme les sorties de capteurs ou les API REST, en les convertissant en DataFrames pandas. La démo de Patrick traite des milliers de fichiers JSON d'un bucket S3, extrayant les données des clients et écrivant dans une table Delta Lake à l'aide d'une UDF. Cette approche centrée sur Python, nécessitant un minimum de code, contraste avec les frameworks nécessitant des connecteurs complexes, rendant Dask idéal pour un développement et un déploiement rapides.

Déploiement cloud et évolutivité

Patrick met en avant la facilité de déploiement de Dask, tirant parti de Coiled pour la gestion de clusters. Dans la démo, un cluster AWS de 250 travailleurs traite des fichiers JSON, démontrant la capacité de Dask à évoluer avec les ressources cloud. L'optimiseur de requêtes de Dask minimise les transferts réseau en réutilisant les données brassées pour des jointures répétées, réduisant le temps d'exécution de 60 à 70 % dans certains cas. L'intégration avec des ordonnanceurs de flux comme Prefect ou Airflow est simple, utilisant des décorateurs pour programmer des tâches horaires, quotidiennes ou mensuelles. La compatibilité de Dask avec les formats Big Data et sa capacité à traiter des données hors cœur (e.g., téraoctets avec un RAM limité) garantissent la fiabilité. Patrick note que, bien que Spark convienne aux environnements centrés sur Java, la nature légère et installable via pip de Dask, ainsi que son intégration à l'écosystème Python, le rendent préférable pour la vitesse de développement et la flexibilité, en particulier pour les UDFs complexes ou les sources de données non standards, comme vu dans les cas d'utilisation des clients de Coiled.

Liens

- Replay sur YouTube: https://www.youtube.com/watch?v=oZM4k_vVzMM
- Patrick Hoefler sur LinkedIn: https://www.linkedin.com/in/patrick-hoefler-3741271b6/
- Site web de Coiled: https://coiled.io/
- Site web de Dask: https://dask.org/

Étendre les Dataframes Polars avec des Plugins

Marco Gorelli, Data Scientist chez QuantCo, a offert une présentation dynamique lors de PyData Paris 2024, intitulée « Polars Plugins : comment vous (oui, vous !) pouvez étendre les Dataframes Polars ». Cette session a captivé l'audience grâce à l'humour de Marco et à une démonstration de codage en direct, illustrant comment étendre **Polars**, une bibliothèque de dataframes ultra-rapide, à l'aide de plugins écrits en Rust. Marco a guidé les participants dans la création d'un plugin pour classer les villes françaises selon leur terme pour une viennoiserie—chocolatine ou pain au chocolat—en fonction de leurs coordonnées géographiques. Sans connaissances préalables en Rust, il a présenté le système de plugins de Polars comme un moyen accessible d'acquérir des « superpouvoirs » pour les praticiens des données. Cet article résume la session de Marco, explorant l'ascension de Polars, la création de plugins et leur intégration fluide avec l'exécution différée.

Pourquoi Polars et ses Plugins sont Importants

Marco débute en soulignant l'essor fulgurant de Polars depuis son lancement en 2020 comme projet de confinement. Sa rapidité, son efficacité mémoire et son API expressive en ont fait un outil révolutionnaire, adopté par des entreprises comme AG Research, Sky et NVIDIA, qui a contribué un moteur GPU. Double River Investments a vanté les plugins comme un accélérateur de performance par rapport à statsmodels ou au code Rust/NumPy personnalisé. Polars excelle dans le traitement des données mais manque de certaines fonctionnalités de niche, où les plugins entrent en jeu. Marco utilise un exemple humoristique : le débat régional français sur l'appellation d'une viennoiserie, « chocolatine » (sud-ouest) ou « pain au chocolat » (ailleurs). Il propose un plugin pour déterminer le terme en fonction des coordonnées d'une ville, en utilisant un polygone pour délimiter la région chocolatine. Cela illustre le pouvoir des plugins pour étendre Polars à des tâches personnalisées, de l'analyse géospatiale au chiffrement ou au trading. Contrairement à pandas, limité en calcul distribué, l'optimisation des requêtes de Polars et son futur moteur de streaming (attendu fin 2024 ou début 2025) en font un choix évolutif, les plugins renforçant sa flexibilité sans sacrifier les performances.

Construire un Plugin Polars en Direct

Le codage en direct de Marco, malgré quelques accrocs initiaux avec Neovim, démystifie la création de plugins. Il décrit six étapes : utiliser un modèle cookie-cutter, installer Polars et Maturin, écrire du code Rust, enregistrer la fonction en Python, compiler et célébrer. Le plugin, name_pastry, prend les entrées latitude et longitude, exploitant la crate Rust geo pour les opérations géospatiales. Marco modifie un modèle de plugin, remplaçant une fonction Pig Latin par une logique vérifiant si un point se trouve dans un polygone chocolatine, renvoyant « chocolatine » ou « pain au chocolat ». Il utilise la fonction binary_elementwise_into_string_amortized de Polars pour traiter les entrées élément par élément, optimisant la création de chaînes. Le code Rust définit un polygone avec les coordonnées de la région chocolatine, gérant 11 points dans un tableau 2D. En Python, Marco lit un CSV de villes françaises, applique le plugin pour créer une colonne « pastry », filtre les villes de plus de 100 000 habitants et sélectionne les colonnes ville et viennoiserie. Le résultat identifie correctement Bordeaux et Toulouse comme villes chocolatine, Paris comme pain au chocolat, prouvant la simplicité et l'efficacité des plugins pour des tâches personnalisées.

Exécution Différée et Applications Plus Larges

Un point fort est l'intégration des plugins avec l'exécution différée de Polars, qui optimise les performances des requêtes. Marco ajoute un compteur au code Rust pour suivre les itérations de boucle, comparant l'exécution immédiate et différée. L'exécution immédiate traite 627 lignes (l'ensemble des données), tandis que l'exécution différée, utilisant scan_csv, traite seulement 40 lignes (le résultat filtré), car Polars réorganise les opérations comme le filtrage avant la création de colonnes. Cela met en avant l'optimiseur de requêtes de Polars, qui minimise les calculs, rendant les plugins efficaces pour les grands ensembles de données. Marco mentionne des applications réelles de plugins, incluant métriques de distance, chiffrement, machine learning et géocodage inversé. Son tutoriel GitHub, accessible via QR code, guide les utilisateurs dans le développement de plugins, soulignant qu'un minimum de connaissances en Rust suffit—un clonage de base est suffisant, bien que comprendre la propriété et les durées de vie améliore les performances. Répondant aux questions du public, Marco précise que les plugins supportent les expressions multi-colonnes et les sources I/O (e.g., lecteurs SAS7BDAT) mais pas les opérations group-by personnalisées, qui nécessitent un traitement Python. Il conseille de combiner Polars avec pandas pour les tâches géospatiales, vu la maturité de GeoPandas, et souligne la gestion stricte des fuseaux horaires de Polars comme un atout, le rendant idéal pour les nouveaux projets recherchant performance et flexibilité.

Liens

- Replay sur YouTube: https://www.youtube.com/watch?v=8Ex93IG37VI
- Marco Gorelli sur LinkedIn: https://www.linkedin.com/in/marco-gorelli/
- Site web de QuantCo: https://quantco.com/
- Site web de Polars: https://pola.rs/
- Accédez au tutoriel de plugins Polars de Marco sur GitHub: https://github.com/marcogorelli/polars-plugins-tutorial

L'Univers en Expansion d'Apache Arrow

Joris Van den Bossche, Data Engineer chez Voltron Data, a présenté une conférence complète lors de PyData Paris 2024, intitulée « L'Univers en Expansion d'Apache Arrow ». Cette session a exploré le rôle d'**Apache Arrow** comme standard de facto pour la représentation efficace des données colonnaires en mémoire, détaillant les avancées récentes telles que les nouveaux types de données, ADBC, nanoarrow et le protocole PyCapsule. Joris, contributeur à pandas et pyarrow, a mis l'accent sur l'interopérabilité et les avantages de performance d'Arrow pour les données tabulaires à travers les langages et systèmes. Cet article résume sa session, plongeant dans le noyau d'Arrow, son écosystème en évolution et les implications pratiques pour les scientifiques et ingénieurs des données.

Le Noyau d'Apache Arrow et l'Interopérabilité

Joris présente Apache Arrow comme un standard ouvert pour les données colonnaires, comparable à HTML pour l'interopérabilité web. Contrairement aux bases de données orientées lignes, Arrow stocke les données par colonnes, utilisant des tampons pour les valeurs, les données manquantes et les offsets, permettant un traitement efficace et un partage de données sans copie. Un tableau unique nécessite un tampon ; les données tabulaires avec plusieurs colonnes et types complexes (e.g., listes imbriquées) utilisent plusieurs tampons, standardisés pour des langages comme Python, R et C++. Cette interopérabilité, un moteur clé depuis la création d'Arrow en 2017, permet un transfert fluide des données entre systèmes comme pandas, Polars et Snowflake sans conversions coûteuses. Joris souligne le rôle d'Arrow dans les moteurs de calcul modernes (e.g., DataFusion) et son format IPC léger pour la sérialisation, minimisant les copies lors des transferts réseau. Flight s'appuie sur IPC pour les applications client-serveur, tandis que pyarrow offre des outils comme des lecteurs parquet et des intégrations cloud. L'écosystème d'Arrow, avec des implémentations dans la plupart des langages majeurs, garantit une adoption large, en faisant une colonne vertébrale pour l'échange et le traitement des données dans la pile de données Python et au-delà.

Nouveaux Types de Données et Innovations sur les Chaînes

Les ajouts récents au format colonnaire d'Arrow incluent des types de données avancés et un stockage optimisé des chaînes. Les types d'extension annotent les types existants avec des métadonnées, standardisant les tenseurs (fixés/variables pour l'interopérabilité avec PyTorch), JSON, UUIDs et booléens 8 bits (pour la compatibilité CUDA avec cuDF). Une extension géospatiale, portée par la communauté GeoArrow, améliore la gestion des données spatiales. Joris approfondit le stockage des chaînes, comparant les approches traditionnelle et nouvelle. Traditionnellement, les chaînes sont stockées dans un tampon de valeurs unique avec des offsets, efficace mais nécessitant des réécritures coûteuses lors du filtrage ou du tri. Le nouveau format de vue de chaînes, développé à TU Munich, utilise un tampon de vues à largeur fixe stockant les longueurs des chaînes et soit les chaînes courtes complètes, soit les préfixes et offsets pour les plus longues. Cela réduit les copies lors d'opérations comme le tri, car seul le tampon de vues est réordonné, laissant le tampon de valeurs intact. Adopté par certaines bases de données, ce format de chaînes « à l'allemande » améliore la vitesse de comparaison et l'efficacité mémoire, avec des articles de blog d'adopteurs détaillant les gains de performance, en faisant une avancée majeure pour les charges de travail riches en texte.

Améliorer l'Interopérabilité avec PyCapsule et ADBC

Joris met en avant deux avancées en interopérabilité : le protocole PyCapsule et ADBC. L'interface de données C permet le partage de données sans copie au sein d'un même processus, mais les utilisateurs devaient auparavant utiliser des méthodes spécifiques aux bibliothèques (e.g., to_arrow de Polars). Le protocole PyCapsule, une couche Python sur l'interface de données C, utilise des méthodes dunder comme __arrow_stream__ pour automatiser les conversions. Par exemple, passer un dataframe Polars à la méthode from_arrow de DataFusion fonctionne désormais sans conversion explicite, car les bibliothèques reconnaissent les données compatibles Arrow des autres. Joris démontre une chaîne de conversions sans copie à travers pandas, DuckDB, Polars, pyarrow et DataFusion, illustrant l'intégration de l'écosystème. ADBC (Arrow Database Connectivity) offre une alternative colonnaire aux protocoles orientés lignes comme JDBC, fournissant des données Arrow directement depuis des bases de données (e.g., BigQuery, PostgreSQL) via une interface de données C. L'API Python d'ADBC propose une méthode fetch_arrow_table, accélérant la récupération de données en évitant les surcoûts liés aux lignes. Nanoarrow, une bibliothèque C légère, et les fonctionnalités IPC expérimentales (séparation des métadonnées et des données) élargissent encore l'utilité d'Arrow, permettant une gestion efficace des données à travers les environnements CPU et GPU, renforçant son rôle dans les systèmes de données évolutifs.

Liens

- Replay sur YouTube: https://www.youtube.com/watch?v=3ehleDhnq18
- Joris Van den Bossche sur LinkedIn: https://www.linkedin.com/in/jorisvandenbossche/
- Site web de Voltron Data: https://voltrondata.com/
- Site web d'Apache Arrow: https://arrow.apache.org/
- Accédez aux slides de la conférence de Joris: https://jorisvandenbossche.github.io/talks/2024_PyDataParis_Arrow/%231

Personnalisation DIY : Construire la Confiance en l'IA

Katharine Jarmul, activiste de la confidentialité et autrice de *Practical Data Privacy* (O'Reilly 2023), a livré une keynote captivante lors de PyData Paris 2024, intitulée « DIY Personalization : How, when, why to offer self-made AI ». Cette présentation de 48 minutes a exploré le potentiel de construire et d'entraîner des modèles d'IA pour un usage personnel, en tirant parti de modèles plus petits, de puces améliorées et de l'apprentissage sur appareil. Katharine, forte de plus de dix ans d'expérience en confidentialité, sécurité et éthique en machine learning, a plaidé pour une IA contrôlée par l'utilisateur afin de répondre aux préoccupations croissantes en matière de confidentialité et de réduire l'« anxiété liée à l'IA ». Elle a établi des parallèles avec la révolution de l'informatique personnelle, proposant des applications d'IA DIY pratiques pour autonomiser les utilisateurs. Cet article résume sa session, abordant le besoin de confiance, l'évolution de l'accessibilité de l'IA et des projets de personnalisation concrets.

L'Argument pour une IA Contrôlée par l'Utilisateur

Katharine commence par souligner l'adoption rapide de l'IA—ChatGPT a atteint 1 million d'utilisateurs en cinq jours, contre une décennie pour l'internet à 500 millions. Pourtant, en tant que « personne de l'IA » dans de nombreux cercles, elle note une inquiétude généralisée : les gens craignent que leurs téléphones les écoutent, soupçonnant des publicités hyper-précises. Cela découle de pratiques de données opaques dans la publicité et les systèmes de recommandation, érodant la confiance. Katharine, axée sur la confidentialité et l'éthique, soutient que pour une adoption générale de l'IA, la communauté de le machine learning doit prioriser la confiance. L'IA actuelle, souvent centralisée et contrôlée par des entreprises, semble intrusive, non habilitante. Elle contraste cela avec le besoin de réduire l'« anxiété liée à l'IA » et de promouvoir une utilisation ludique et productive de l'IA, comme traiter ChatGPT comme un outil amusant plutôt qu'une source factuelle (il excelle dans le spam SEO, pas la précision). En permettant aux utilisateurs de contrôler leur IA, nous pouvons reproduire le succès de la construction de confiance des outils comme Signal, où des pratiques de données transparentes favorisent l'adoption par effets de réseau.

Des Mainframes à l'IA Personnelle

Katharine établit un parallèle historique entre l'évolution de l'informatique et la trajectoire de l'IA. Dans les années 1950, les mainframes IBM—grands, coûteux et accessibles uniquement à des groupes spécialisés comme les chercheurs en aéronautique—dominaient l'informatique. Les clusters GPU/TPU d'aujourd'hui reflètent cela, étant coûteux et exclusifs. Les années 1980 ont vu les ordinateurs personnels comme l'Apple II devenir des outils pour hobbyistes, avec VisiCalc (un tableur) prouvant leur valeur pour les utilisateurs généraux. Les interfaces graphiques, la distribution de logiciels et l'internet ont ensuite rendu les PC entièrement personnalisables et communautaires. Katharine demande où se situe l'IA : la plupart des participants à PyData Paris la placent entre les phases hobbyiste et à usage général, pas encore totalement personnalisée. Elle défie la communauté de créer le « moment VisiCalc » de l'IA—des outils permettant aux utilisateurs d'exécuter des modèles localement avec leurs données, évitant la dépendance au cloud. Ce changement, soutient-elle, est crucial pour éviter le contrôle centralisé et renforcer la confiance, tout comme HTTPS et des protocoles internet plus sûrs ont boosté l'adoption en ligne en priorisant la sécurité des utilisateurs.

Projets Pratiques d'IA DIY

Katharine partage quatre projets d'IA DIY pour illustrer le potentiel de la personnalisation, tous conçus pour une utilisation locale afin de protéger la confidentialité. Premièrement, elle a construit un système de génération augmentée par récupération (RAG) dans un notebook Jupyter, évitant les LLM basés sur le cloud comme OpenAI. Utilisant BM25 pour la recherche sémantique, un bi-encodeur de phrases pour le classement des passages et un modèle LLaMA local, elle interroge des documents hors ligne, économisant des coûts de calcul et de carbone. Elle prévoit d'open-sourcer cela sur GitHub. Deuxièmement, elle a créé un lecteur de flux RSS personnel avec un recommandeur scikit-learn, utilisant TF-IDF et un modèle bayésien pour filtrer les actualités, offrant des modes de lecture rapide et lente. Cette transparence (par exemple, savoir qu'il privilégie les « recettes de cuisine » et évite « Musk dit ») rend les recommandeurs moins effrayants. Troisièmement, pour le stockage de photos, elle utilise Nextcloud sur un dispositif NAS, sous-titrant les images avec le modèle BLIP de Hugging Face pour la recherche sémantique et envoyant par e-mail des résumés nostalgiques de photos en utilisant les métadonnées. Enfin, elle utilise GadgetBridge pour synchroniser localement sa montre de natation Garmin, analysant les traces GPS sans partage cloud, protégeant les données de santé contre une éventuelle utilisation abusive (par exemple, par les assureurs). Ces projets, bien que techniques, soulignent le besoin de produits grand public conviviaux.

Défis et Perspectives d'Avenir

Katharine reconnaît les obstacles à l'IA personnalisée. La mise à l'échelle, une raison clé pour l'IA centralisée, contraste avec les avancées des semi-conducteurs permettant une inférence efficace sur appareil. Elle rejette les préoccupations sur les bulles de filtrage, arguant que les recommandeurs centralisés (par exemple, les algorithmes de TikTok axés sur l'engagement) alimentent déjà la radicalisation, comme l'attrait de l'AfD d'extrême droite pour la jeunesse allemande. L'utilisation malveillante (par exemple, WormGPT) n'est pas propre à l'IA personnalisée, car les acteurs malveillants accèdent déjà à des outils nuisibles. Pour avancer, elle appelle à des outils accessibles (par exemple, des interfaces de type Prodigy pour les non-experts), des visualisations d'incertitude et une meilleure portabilité des données sous le RGPD. Les logiciels « local-first », comme l'édition de documents pair-à-pair, pourraient permettre une IA communautaire sans dépendance au cloud. Katharine critique les problèmes de mémorisation des grands modèles, plaidant pour des modèles plus petits, spécifiques aux tâches, et des pratiques de données ouvertes pour prévenir les fuites de confidentialité. Sa vision est une « intelligence communautaire » où l'IA, comme les premières communautés internet, autonomise les utilisateurs. Elle invite à la collaboration lors de sa LAN party féministe AI à Berlin, où les participants construiront et attaqueront des modèles locaux, publiant des kits DIY open-source.

Liens

- Replay sur YouTube: https://www.youtube.com/watch?v=jYwe-YHM4ag
- Site web de Katharine: https://probablyprivate.com/
- Retrouvez le livre de Katharine, Practical Data Privacy: https://www.oreilly.com/library/view/practical-data-privacy/9781098128272/

IA Open-Source : Pourquoi C'est Important et Comment Commencer

Merve Noyan, "machine learning advocate engineer" chez Hugging Face, a livré une keynote engageante lors de PyData Paris 2024, intitulée « Open-source AI : why it matters and how to get started ». Cette présentation de 35 minutes a exploré l'état de l'IA open-source, son importance et les étapes pratiques pour l'exploiter. Merve, qui se concentre sur la vision par ordinateur sans apprentissage préalable et la multimodalité, a mis en avant la puissance des grands modèles de langage (LLM) open-source comme Qwen, rivalisant avec les modèles propriétaires. Elle a fourni un flux de travail clair pour trouver, affiner et déployer des modèles, mettant l'accent sur la confidentialité, la personnalisation et l'efficacité des coûts. Cet article résume la session de Merve, couvrant l'écosystème open-source, ses avantages et les outils pour s'y plonger.

Le Paysage de l'IA Open-Source

Merve introduit l'IA open-source comme la publication d'artefacts de modèles (par exemple, poids, code) sous des licences permissives comme Apache 2.0 ou MIT, permettant la reproductibilité et l'usage commercial. Elle met en avant Qwen, un LLM open-source égalant les modèles propriétaires comme GPT-4 dans les benchmarks. Les modèles open-source, hébergés sur des plateformes comme Hugging Face Hub (près d'1 million de modèles), couvrent des tâches allant de la génération de texte à la détection d'objets. Merve démystifie l'idée que les modèles open-source sont moins précis ou difficiles à déployer, notant que des outils comme l'Open LLM Leaderboard et LMS Chatbot Arena (utilisant des scores ELO basés sur des votes humains anonymes) aident à identifier les meilleurs performeurs. Par exemple, Llama de Meta et Qwen excellent dans l'Arena ELO, prouvant la compétitivité de l'open-source. Avec plus de 140 000 modèles de génération de texte (de base, conversationnels ou adaptés aux instructions), les utilisateurs peuvent filtrer par tâche, licence ou dataset, faisant de Hugging Face un guichet unique pour une IA accessible.

Pourquoi l'IA Open-Source est Importante

L'IA open-source offre des avantages convaincants. Premièrement, elle garantit la confidentialité en permettant un déploiement local ou sur appareil, gardant les données sensibles (par exemple, documents) hors des serveurs tiers. Merve insiste sur cela pour les cas d'usage d'IA documentaire, où les modèles propriétaires risquent d'exposer des données. Deuxièmement, la personnalisation améliore les performances : affiner un modèle pour une tâche spécifique surpasse les modèles propriétaires génériques, et la quantification (par exemple, à 4 ou 8 bits) réduit les coûts d'inférence, qui dominent par rapport à l'entraînement. Troisièmement, les modèles open-source évitent la volatilité des API propriétaires, où des changements backend peuvent casser des applications. En contrôlant le modèle, les utilisateurs assurent la stabilité. Merve cite des exemples comme le déploiement de modèles dans les navigateurs pour une confidentialité véritable ou l'affinage pour des projets soucieux des budgets, soulignant que l'open-source permet aux utilisateurs d'adapter l'IA à leurs besoins sans gardiens corporatifs.

Commencer avec l'IA Open-Source

Merve décrit un flux de travail simple : trouver un modèle, l'affiner, le quantifier et le déployer. Hugging Face Hub facilite la découverte de modèles, avec des filtres pour les tâches, licences et bibliothèques. L'Open LLM Leaderboard évalue les modèles sur des benchmarks (par exemple, codage, mathématiques), tandis que les scores ELO reflètent les préférences humaines. Pour le déploiement, des outils comme vLLM (supportant le parallélisme tensoriel et les backends CUDA/AMD), LLaMA.cpp (inférence C++ avec serveurs CLI/web) et Text Generation Inference (TGI) de Hugging Face simplifient le service. TGI, avec des noyaux optimisés et une intégration d'interface de chat, nécessite une seule ligne de code pour servir des modèles comme Zephyr 7B. Pour la personnalisation, la bibliothèque Transformers offre des abstractions comme AutoModelForCausalLM pour charger des modèles et tokenizers, avec des templates de chat simplifiant le formatage des entrées. L'affinage est accessible via les bibliothèques de Transformers pour l'affinage supervisé (SFT) ou l'apprentissage par renforcement

(TRL), tandis que des méthodes efficaces comme LoRA (ciblant 0,77 % des paramètres) et la quantification (via bitsandbytes) réduisent les besoins matériels sans perte de performance.

Défis et Orientations Futures

Merve aborde les défis pratiques, comme choisir le bon modèle parmi les nombreuses options du Hub. Elle recommande de faire confiance aux benchmarks transparents de l'Open LLM Leaderboard mais avertit que certains laboratoires sur-optimisent pour des métriques spécifiques, rendant les scores ELO basés sur les humains plus révélateurs dans le monde réel. Sur l'affinage de grands modèles comme Qwen 72B, elle note que les contraintes matérielles nécessitent souvent un LoRA quantifié, qui apprend moins mais oublie moins, préservant les performances jusqu'à une quantification à 8 bits. Merve aborde également les tendances émergentes, comme le modèle o1 d'OpenAI, qu'elle considère comme mémorisant le raisonnement plutôt que raisonnant réellement, prédisant que les modèles open-source reproduiront bientôt ces capacités. Elle encourage les contributions communautaires, des soumissions de modèles aux évaluations du leaderboard, et voit l'IA open-source rattraper rapidement son retard grâce à la distillation et l'optimisation des modèles par les chercheurs. Sa présentation, empreinte d'enthousiasme (et d'autocollants Hugging Face), invite chacun à rejoindre la révolution open-source pour une IA accessible, privée et puissante.

Liens

- Replay sur YouTube: https://www.youtube.com/watch?v=-Mv1KGr2FKs
- Merve Noyan sur LinkedIn: https://www.linkedin.com/in/merve-noyan/
- Site web de Hugging Face: https://huggingface.co/
- Explorez Hugging Face Hub: https://huggingface.co/models

Lighting Talks - Session 1 : Une Explosion d'Idées

La **Session 1 des Lighting Talks**, animée par Teresa et Matias, a été une vitrine dynamique de présentations rapides, mêlant humour, spontanéité et perspectives avancées en science des données. Cette session a réuni divers orateurs abordant des sujets allant de la transparence des modèles d'IA à la surveillance de l'humidité des sols, en passant par le mentorat STEM et les outils open-source. Organisée par PyData, un programme éducatif de NumFOCUS, la session a incarné l'esprit communautaire du réseau mondial PyData, favorisant la collaboration et l'innovation en analyse de données. Cet article résume la session, mettant en lumière les conférences clés et leur impact sur la communauté de la science des données.

Décoder les Modèles de Langage de Grande Échelle

La session a débuté avec un orateur explorant pourquoi les modèles de langage de grande échelle (LLMs) comme Codex produisent parfois du code défectueux. Citant un article d'Open AI, ils ont noté que Codex, formé sur les bases de code variées de GitHub, peut reproduire des erreurs subtiles des entrées utilisateur, générant un code apparemment correct mais bogué. Cela découle de son entraînement sur des dépôts de qualité variable. Un article novateur de l'EPFL (juin 2024) a révélé que les modèles LLaMA utilisent l'anglais comme représentation intermédiaire, même pour des tâches non anglophones, introduisant des biais culturels. Un autre article d'Anthropic a introduit la monosémanticité, cartographiant les représentations intermédiaires à des concepts sémantiques (par exemple, Golden Gate ou biais de genre) pour améliorer la transparence des modèles. Ces idées soulignent la nécessité de comprendre le fonctionnement interne des LLMs pour corriger les biais et erreurs lors de l'inférence, un défi crucial pour un déploiement éthique de l'IA.

Applications de Données dans le Monde

Réel

Carlos Calvo, fêtant son anniversaire, a présenté une approche de machine learning pour surveiller l'humidité des sols, essentielle pour la gestion des ressources naturelles. Travaillant dans un centre de recherche, Carlos a combiné des données de mouvement de l'eau avec des prédicteurs de télédétection pour entraîner des modèles, obtenant des outils de surveillance en temps réel précis. Malgré des problèmes de démonstration, ses résultats ont validé la précision des modèles par rapport aux données de terrain, illustrant le rôle de la science des données dans la durabilité environnementale. Gwen, data scientist chez Saint-Gobain, a discuté des défis en science des matériaux, notamment la production de verre pour l'isolation et les conduites d'eau. Elle a souligné la complexité des données industrielles—souvent rares et désordonnées—et le besoin d'intégrer les résultats de laboratoire et les connaissances techniques pour optimiser des processus neutres en carbone, comme maintenir des usines de verre en activité pendant 20 ans sans arrêt. Ces conférences ont mis en avant l'impact pratique de la science des données dans diverses industries.

Autonomiser les Communautés par les Données

Isra, ingénieure logicielle et mentore STEM d'Algérie, a partagé son parcours vers l'informatique, inspiré par la vision de son père sur l'avenir de la technologie. Sa conférence s'est concentrée sur l'inspiration de la prochaine génération grâce à une conception technologique adaptée aux enfants, ancrée dans les sciences cognitives. En engageant de jeunes apprenants, Isra les aide à explorer divers chemins de carrière, répondant au « Je ne sais pas » à « Que veux-tu faire plus tard ? » avec une guidance axée sur la curiosité. Tim Bonnemann, d'IBM Research, a présenté la Carte de la Science Open Source (MOSS), un projet NumFOCUS visant à créer une interface reliant les outils open-source, les articles et les contributeurs. MOSS vise à aider les scientifiques à découvrir des outils et les financeurs à allouer des ressources, accélérant le progrès scientifique. Ces présentations ont mis en lumière le rôle de la science des données dans l'éducation et la collaboration open-source.

Outils Innovants et Visions d'Avenir

Alex, data scientist chez Renault, a présenté un paquet d'analyse défensive pour Polars, permettant des vérifications de qualité des données à la volée et un développement piloté par les tests (TDD). L'outil, intégré aux cadres de données paresseux et standards, fournit des messages d'erreur clairs pour garantir l'intégrité des données, avec une invitation à une conférence MLOps le lendemain. Luca Clissa, passionné d'open-source, a expliqué avec humour un déploiement JupyterLite en trois minutes, utilisant un modèle GitHub pour configurer des paquets comme Matplotlib via environment.yml. Un autre Luca, avec un bagage en philosophie, a introduit de manière ludique les files d'attente comme structure de données, contrastant l'approche italienne « premier arrivé, éventuellement servi » avec les files FIFO linéaires, implémentées récursivement pour l'efficacité. Un orateur spontané a conclu la session, discutant de l'avenir du travail avec l'IA, citant des données de la Banque mondiale sur les écarts d'emplois dans les marchés émergents (800 millions d'ici 2030) et proposant Keel, une application de réseautage professionnel communautaire. Ces conférences ont mis en avant des outils innovants et des idées visionnaires, suscitant l'enthousiasme pour l'avenir collaboratif de PyData.

Liens

- Replay sur YouTube: https://www.youtube.com/watch?v=B31X9nHZLe4
- Tim Bonnemann sur LinkedIn: https://www.linkedin.com/in/timbonnemann/
- Luca Clissa sur LinkedIn: https://www.linkedin.com/in/luca-clissa/

Décomposer les Métriques d'Entreprise avec Max Halford

Max Halford, data scientist chez Carbonfact, a livré une conférence, intitulée « Décomposer les métriques d'entreprise pour expliquer leur évolution ». Cette session a abordé le défi d'expliquer les variations des indicateurs clés de performance (KPI) comme le chiffre d'affaires ou les empreintes carbone. Max a présenté icanexplain, un paquet Python open-source développé chez Carbonfact, qui décompose les métriques en effets quantifiables, offrant de la clarté aux parties prenantes. S'appuyant sur son expérience chez Alan et Carbonfact, Max a souligné le besoin de méthodes formelles en ingénierie analytique pour instaurer la confiance. Cet article résume sa méthodologie, ses applications et le potentiel de l'outil pour transformer l'analytique d'entreprise.

Le Défi d'Expliquer les KPIs

Max a débuté avec un scénario familier : les parties prenantes, comme le COO d'Alan, exigent des explications lorsque des KPIs comme le chiffre d'affaires chutent. Chez Carbonfact, où Max mesure les empreintes carbone des marques de mode, les clients demandent fréquemment pourquoi leur impact environnemental varie d'une année à l'autre. Ces questions révèlent un manque de formalisme en ingénierie analytique, conduisant à des réponses vagues et à la méfiance. Les arbres de métriques traditionnels, qui décomposent les KPIs (par exemple, le profit en revenus et coûts), sont un début mais ne permettent pas de quantifier les contributions. Max a illustré cela avec un exemple d'Airbnb, où le chiffre d'affaires (réservations × revenu par réservation) varie en fonction du nombre de réservations ou des moyennes. Les comparaisons annuelles naïves révèlent la croissance mais pas l'impact précis de chaque facteur, soulignant le besoin d'une méthode de décomposition robuste pour maintenir la confiance des parties prenantes.

Présentation de icanexplain

Max a introduit icanexplain, un paquet Python qui décompose les métriques en effets « internes » (liés à la moyenne) et « mixtes » (liés au volume). En utilisant l'exemple d'Airbnb, il quantifie combien la croissance du chiffre d'affaires provient de l'augmentation des réservations par rapport à un revenu moyen plus élevé. Par exemple, une augmentation de 52 500 $ en 2022 a été divisée en un effet mixte plus important (plus de réservations) et un effet interne plus faible (moyenne plus élevée). Le paquet, construit avec Ibis pour une compatibilité avec pandas, Polars et SQL, gère les totaux, les moyennes et les entonnoirs. Chez Carbonfact, il analyse un ensemble de données vestimentaires, révélant qu'une hausse de l'empreinte carbone en 2022 était due à des pantalons plus polluants (effet interne) et à moins de vestes (effet mixte). Les graphiques en cascade visualisent ces contributions, rendant les insights intuitifs. Max a souligné la simplicité de la méthode—ancrée dans des interprétations géométriques—permettant une communication claire avec des parties prenantes non techniques, contrairement aux modèles complexes comme SHAP ou la régression linéaire.

Applications et Orientations Futures

La polyvalence de icanexplain brille dans divers contextes. Chez Carbonfact, il aide les marques de mode à identifier si les variations d'empreinte proviennent des choix de matériaux ou des volumes de production, guidant les efforts de durabilité. Max a partagé des retours de Grab et Airbnb, où des méthodes similaires analysent la croissance de portefeuilles et les entonnoirs de revenus. Le code de 400 lignes du paquet, tirant parti d'Ibis, garantit une maintenabilité et une intégration SQL, cruciale pour les opérations de Carbonfact. Les améliorations futures incluent la prise en charge de métriques arbitraires via des arbres de métriques, potentiellement en utilisant l'auto-différenciation pour des KPIs complexes, et l'intégration avec des outils interactifs comme Facets pour une exploration dynamique. Max envisage également de coupler les décompositions avec la détection d'anomalies pour mettre en évidence les valeurs aberrantes, comme fait chez Airbnb. En open-sourçant icanexplain, Max invite les contributions de la communauté, visant à formaliser la décomposition des métriques comme pierre angulaire de l'ingénierie analytique.

Liens

- Replay sur YouTube: https://www.youtube.com/watch?v=kiWW4Oty8kY
- Max Halford sur LinkedIn: https://www.linkedin.com/in/maxhalford/
- Site web de Carbonfact: https://www.carbonfact.com/
- Repo GitHub icanexplain: https://github.com/carbonfact/icanexplain

Votre Marketing est-il Efficace ? Laissez Bayes Décider !

Emanuele Fabbiani, ingénieur en IA chez Xtremum, a présenté une conférence intitulée « Votre Marketing est-il Efficace ? Laissez Bayes Décider ! ». Cette session a exploré une approche bayésienne pour évaluer l'efficacité marketing de WeRoad, l'opérateur touristique italien à la croissance la plus rapide. Emanuele a abordé les défis de l'attribution marketing moderne face aux contraintes de confidentialité et aux parcours clients complexes. En utilisant Python, PyMC et Streamlit, son équipe a construit un modèle de mix média marketing pour optimiser l'allocation budgétaire de WeRoad, offrant des insights exploitables. Cet article plonge dans la méthodologie bayésienne, son implémentation et son impact transformateur sur la stratégie de WeRoad.

Le Défi de l'Attribution Marketing

Emanuele a débuté avec une citation attribuée à John Wanamaker du 19e siècle : « La moitié de mon budget marketing est gaspillée ; le problème, c'est que je ne sais pas quelle moitié. » Plus d'un siècle plus tard, ce défi persiste alors que les parcours clients se complexifient avec de multiples points de contact—en ligne (sites web, réseaux sociaux, emails) et hors ligne (appels téléphoniques, publicités TV, panneaux d'affichage). Les préoccupations de confidentialité, comme l'élimination progressive des cookies tiers par les principaux navigateurs, rendent l'attribution déterministe—suivre le comportement individuel des utilisateurs—presque impossible et éthiquement discutable. Emanuele a proposé de passer à une analyse de contribution, se concentrant sur les effets moyens des canaux marketing (par exemple, campagnes Facebook ou promotions par email) sur les ventes. Pour WeRoad, une agence de voyage et entreprise technologique, l'objectif était d'optimiser l'acquisition de nouveaux clients. L'équipe d'Emanuele a utilisé un modèle de mix média marketing, prenant les investissements dans les publicités Google, les plateformes Meta et les promotions comme entrées pour prédire les KPIs, répondant à quand, où et combien investir.

Construire un Modèle Marketing Bayésien

Le modèle reposait sur une approche statistique pour répondre à trois questions : quand investir, où investir et combien. Pour le timing, Emanuele a utilisé la corrélation croisée pour identifier les délais d'investissement optimaux. Par exemple, les publicités Google avaient un effet immédiat, tandis que les réseaux sociaux nécessitaient 4 à 10 semaines pour un impact maximal, crucial pour le cycle de revenus estival de WeRoad (70 % d'avril à juin). La corrélation de Spearman a capturé les effets non linéaires comme la saturation, où des dépenses supplémentaires génèrent des rendements décroissants. Pour modéliser les délais et les effets cumulatifs, des transformations adstock ont été appliquées, révélant comment les campagnes TV persistent dans l'esprit des clients. Le modèle initial, une régression linéaire, présentait des problèmes : erreurs élevées lors des promotions importantes, baselines négatives suggérant une équité de marque nuisible, et coefficients instables en raison de canaux corrélés. En passant à un cadre bayésien avec PyMC, Emanuele a intégré des connaissances préalables (par exemple, baselines positives, fourchettes de coûts d'acquisition) via des priors gaussiens, normaux pliés et semi-normaux. Cela a stabilisé les coefficients, réduit les erreurs et rendu les résultats interprétables, avec des algorithmes Monte Carlo Markov Chain affinant les estimations au fur et à mesure de l'accumulation des données.

Implémentation et Impact Commercial

La pile technologique—Python, PyMC pour la modélisation, Polars pour le traitement des données, Streamlit pour un tableau de bord interactif, et ArviZ pour les visualisations—a permis de créer un outil convivial. Les équipes marketing pouvaient simuler les allocations budgétaires et prédire les impacts sur les ventes. L'impact du modèle a été immédiat : avant son achèvement, les insights sur la saturation ont permis à WeRoad d'économiser 50 000 € en six semaines en réduisant les dépenses inefficaces. L'outil a guidé l'internationalisation, façonnant les budgets marketing pour la France et d'autres marchés, et a optimisé les allocations de canaux. Cependant, il est devenu obsolète après six mois lorsque WeRoad a introduit la publicité télévisée, nécessitant de nouvelles données pour réentraîner le modèle. Emanuele a insisté sur la simplicité : commencer par la corrélation plutôt que des modèles complexes, itérer de la régression linéaire au bayésien, et ancrer les priors dans des connaissances commerciales pour éviter de « tricher ». Les participants sont repartis avec un plan pour les modèles bayésiens, équilibrant expertise préalable et insights basés sur les données pour orienter les décisions marketing.

Liens

- Replay sur YouTube: https://www.youtube.com/watch?v=GYmE_VcAeJA
- Emanuele Fabbiani sur LinkedIn: https://www.linkedin.com/in/emanuele-fabbiani/
- Site web de Xtremum: https://www.xtremum.solutions/
- Site web de WeRoad: https://www.weroad.it/

Construire avec Mistral

Sophia Yang, Responsable des Relations avec les Développeurs chez Mistral AI, a livré un keynote engageant, intitulé « Construire avec Mistral ». Enregistré en 2024, cette session de 40 minutes a exploré les modèles open-source et à poids ouverts de Mistral AI, mettant l'accent sur la personnalisation et l'innovation dans le développement d'applications IA. Sophia a mis en avant des modèles comme Mixtral, Pixtral et Mistral Large, showcasing leurs capacités dans les tâches textuelles, de codage et multimodales. Le talk a souligné l'engagement de Mistral envers la communauté open-source, offrant des outils pour que les développeurs construisent des solutions sur mesure. Cet article résume le paysage des modèles, les options de personnalisation et leur potentiel, reflétant la passion de Sophia pour l'IA communautaire.

L'Écosystème des Modèles de Mistral

Sophia a présenté Mistral AI, fondé en mai 2023, qui a rapidement publié une suite de modèles. Les modèles premium incluent Mistral Small (22B paramètres) pour les tâches à faible latence, Mistral Large 2 (123B paramètres) pour le raisonnement complexe, et Codestral pour le codage dans plus de 80 langues. Les modèles à poids ouverts sous licence Apache 2.0 incluent Mixtral 8x7B, Mixtral 8x22B, Mistral Nemo (12B, avec Nvidia), Codestral Mamba (codage à long contexte), Mathstral (axé sur les mathématiques), et Pixtral 12B (multimodal). Les modèles hérités comme Mistral 7B restent populaires mais ne sont plus mis à jour. Mistral Large 2 excelle dans les tâches multilingues, le codage et le raisonnement, tenant sur un seul nœud H100, tandis que Pixtral gère le texte et les images avec une fenêtre de contexte de 128k tokens et des tailles d'images arbitraires. Les benchmarks tiers (par exemple, Artificial Analysis, Skill AI) classent Mistral Large haut face à des modèles plus grands comme Llama 3, malgré moins de paramètres, mettant en avant efficacité et performance.

Puissance Multimodale avec Pixtral

Pixtral 12B, le premier modèle multimodal de Mistral, prend en charge le traitement de texte et d'images, surpassant les modèles open-source de taille similaire dans les tâches de raisonnement et de Q&A. Sophia a démontré sa polyvalence sur chat.mixtral.ai, extrayant des données JSON de reçus, comparant des images (par exemple, perspectives de la Tour Eiffel), et interprétant des graphiques. Pixtral excelle dans la légende d'images, l'OCR, l'extraction de données et l'analyse d'images complexes, comme la transcription de documents manuscrits ou la génération de HTML à partir de croquis de pages web. Son architecture, entraînée de zéro, prend en charge des tailles d'images arbitraires et plusieurs images, idéale pour des applications comme l'assistance personnelle ou l'explication de contenu scientifique. À poids ouvert et gratuit sous Apache 2.0, Pixtral permet aux développeurs d'intégrer des capacités de vision et de texte dans divers cas d'usage, du résolution de problèmes mathématiques à la conversion de documents.

Personnalisation pour les Développeurs

Mistral propose trois options de personnalisation : appel de fonctions, réglage fin, et agents. L'appel de fonctions permet aux modèles d'interagir avec des API, récupérant des données en temps réel (par exemple, soldes bancaires) en générant des appels API à partir de prompts. Le réglage fin, soutenu par un dépôt open-source et une API, utilise LoRA pour adapter les modèles à des ensembles de données spécifiques au domaine, maintenant la performance à moindre coût. Sophia a présenté une démo de réglage fin, où les utilisateurs sélectionnent des modèles et des ensembles de données (par exemple, dépôts GitHub) pour entraîner via une interface simplifiée. Les agents, en bêta, agissent comme des systèmes autonomes exécutant des instructions de haut niveau. Sophia a présenté des flux de travail, incluant un agent Python générant et validant du code, un pipeline d'analyse de données multi-agents, et un système RAG avec vérifications d'hallucination. Ces outils, détaillés dans le cookbook de Mistral, permettent aux développeurs de construire des applications sur mesure, avec des fonctionnalités à venir comme les connexions d'outils et l'analyse de PDF.

Communauté et Impact Commercial

Sophia a souligné l'éthique open-source de Mistral, avec des modèles Apache 2.0 librement disponibles pour la production et des modèles premium (Mistral Small, Large) sous licences de recherche pour usage commercial. La communauté s'engage via GitHub, Discord, et des hackathons à Londres et Paris. Des entreprises comme BNP Paribas exploitent les modèles Mistral sur site ou via des fournisseurs cloud (Azure, AWS, GCP) pour des solutions sécurisées et personnalisées. Sophia a abordé la réplication de style (par exemple, tons BBC ou corporatifs) par réglage fin sur des corpus spécifiques au style, assurant une tonalité cohérente. La génération de données synthétiques, un besoin croissant, est soutenue par des exemples de cookbook, avec des outils futurs prévus. Le talk a inspiré les participants à explorer les modèles Mistral, contribuer au cookbook, et rejoindre le mouvement open-source de l'IA, renforçant l'esprit collaboratif de PyData.

Liens

- Replay sur YouTube: https://www.youtube.com/watch?v=kMklbMa7GZc
- Sophia Yang sur LinkedIn: https://www.linkedin.com/in/sophiamyang/
- Site web de Mistral AI: https://mistral.ai/

Introduction à `metalearners`

Kevin Klein et **Francesc Martí Escofet**, Data Scientists chez QuantCo, ont présenté « Introduction à 'metalearners', une Bibliothèque Flexible de MetaLearners en Python ». Cette conférence a introduit metalearners, une bibliothèque Python pour l'inférence causale, transformant les estimateurs de machine learning conventionnels en estimateurs d'effets de traitement causaux. En s'appuyant sur une analogie inspirée de Matrix—choisir entre la pilule rouge ou bleue—Kevin et Francesc ont démontré comment metalearners optimise des décisions comme l'allocation de bons ou les traitements médicaux. Organisée par PyData, une initiative de NumFOCUS, la session ciblait les professionnels des données maîtrisant Python et le machine learning, présentant du code pratique et des applications concrètes. Cet article explore la conception, les fonctionnalités et l'impact de la bibliothèque.

Inférence Causale et Approche MetaLearner

Kevin a introduit l'inférence causale avec une question philosophique tirée de Matrix : faut-il prendre la pilule rouge (révélant des vérités crues) ou la pilule bleue (maintenant une ignorance confortable) ? En traduisant cela en données, Kevin a plaidé pour laisser les données décider des interventions, comme choisir une pilule pour maximiser le bonheur cinq ans plus tard. Le défi est d'estimer les effets de traitement individuels—différences de résultats (par exemple, le bonheur) sous différents traitements. En raison du problème fondamental de l'inférence causale, un seul résultat est observé par individu, rendant l'estimation directe impossible. metalearners répond à cela en estimant l'Effet de Traitement Moyen Conditionnel (CATE), la différence de résultats attendue pour des individus ayant des covariables similaires (par exemple, âge, traits de personnalité). Les MetaLearners combinent de manière modulaire des modèles de machine learning standards (par exemple, LightGBM, réseaux neuronaux), produisant des estimations CATE robustes. Kevin a souligné leur flexibilité, permettant des architectures variées comme R-Learner ou X-Learner, adaptées aux ensembles de données spécifiques.

Conception et Utilisation de la Bibliothèque metalearners

Francesc a présenté la conception conviviale de metalearners, calquée sur les bibliothèques Python de machine learning standards. En utilisant un exemple de R-Learner, Francesc a démontré l'instanciation avec des régresseurs LightGBM pour les modèles de résultat et de traitement, et un classifieur pour la propension. La bibliothèque nécessite trois entrées : covariables (X), affectations de traitement (W, par exemple, pilule rouge ou bleue), et résultats (Y, par exemple, scores de bonheur). L'ajustement ressemble à l'API de scikit-learn, facilitant l'adoption. La prédiction génère des estimations CATE, visualisées sous forme d'histogrammes révélant l'hétérogénéité des effets de traitement—certains bénéficient de la pilule rouge, d'autres de la bleue. Francesc a mis en avant les capacités de débogage, permettant l'accès aux modèles de base pour l'évaluation. L'optimisation des hyperparamètres, intégrée à Optuna, améliore les performances, tandis que des fonctions d'aide simplifient les recherches par grille sur les architectures (par exemple, R-Learner vs. DR-Learner) et les modèles de base. La réutilisation des modèles ajustés réduit les coûts computationnels, et l'intégration des valeurs SHAP révèle l'importance des caractéristiques, comme le nombre de livres de philosophie lus impactant les effets de traitement.

Applications Réelles et Engagement Communautaire

Kevin et Francesc ont illustré les applications de metalearners au-delà des choix hypothétiques de pilules. En marketing, elle optimise la distribution de bons pour maximiser les conversions ; en détection de fraude, elle détermine quand une intervention humaine est nécessaire pour les transactions bancaires. La nature open-source de la bibliothèque, hébergée sur GitHub, invite les contributions de la communauté, des corrections de typos aux demandes de fonctionnalités. Comparée à d'autres bibliothèques comme CausalML et EconML, metalearners offre une modularité et une facilité d'utilisation supérieures, validées sur des ensembles de données simulés. La conférence s'est conclue par un appel à rejoindre QuantCo, mettant en avant des postes ouverts en science des données en Europe et en Amérique du Nord. Les participants sont repartis avec un outil pratique pour l'inférence causale, favorisant des décisions basées sur les données dans divers domaines, renforçant la mission de PyData d'avancer la science des données.

Liens

- Replay sur YouTube: https://www.youtube.com/watch?v=3EXCLYI5_pU
- Site web de QuantCo: https://www.quantco.com/
- Repo GitHub de metalearners: https://github.com/Quantco/metalearners
- Consultez les slides de la présentation: https://github.com/kklein/pdp24-metalearners/blob/main/slides/slides.pdf

Fragilités Redoutables du Propensity Score Matching

Alexandre Abraham, ingénieur chez Heka, a présenté « Fragilités Redoutables du Propensity Score Matching et Comment les Corriger ». Cette conférence a critiqué le Propensity Score Matching (PSM), une méthode courante pour atténuer le biais de sélection dans les études médicales rétrospectives, malgré ses failles soulignées par King et Nielsen (2019). Alexandre a introduit A2A, une nouvelle métrique réduisant la variabilité des résultats jusqu'à 90 %, intégrée dans le package Python popmatch. Organisée par PyData, un programme de NumFOCUS, la session ciblait les chercheurs naviguant les directives des autorités sanitaires. Cet article explore les défis du PSM, la solution A2A, et son implémentation pratique.

Les Pièges du Propensity Score Matching

Alexandre a commencé par un défi concret : évaluer l'efficacité du traitement de surveillance des stimulateurs cardiaques de Heka pour obtenir le remboursement des autorités sanitaires. Le PSM vise à corriger le biais de sélection en appariant des patients traités et témoins avec des scores de propension similaires—la probabilité de recevoir un traitement donné des covariables comme l'âge ou les comorbidités. Cependant, la validation standard du PSM, utilisant une Différence Moyenne Standardisée (SMD) inférieure à 10 %, produit des Effets de Traitement Moyens (ATE) variables. Les expériences d'Alexandre sur un ensemble de données Groupon ont montré que des méthodes PSM valides produisaient des ATE allant de +25 % à +40 % des ventes, risquant des conclusions biaisées, surtout en contexte médical. Cette variabilité provient de divers modèles de propension (par exemple, régression logistique, arbres) et techniques d'appariement, avec des directives vagues des autorités sanitaires, comme des vérifications visuelles de support commun, compliquant une validation rigoureuse.

A2A : Une Nouvelle Métrique pour la Stabilité

Pour résoudre la variabilité du PSM, Alexandre a développé A2A, une métrique inspirée des tests A/B. A2A crée des tâches artificielles en divisant aléatoirement une population témoin, simulant des groupes traités et témoins. Comme les deux groupes proviennent de la même population, l'effet de traitement réel devrait être nul. En appliquant le PSM à ces tâches et en mesurant l'écart par rapport à zéro, A2A quantifie l'efficacité de la correction du biais. Alexandre a automatisé un pipeline générant 100 tâches artificielles, combinant A2A avec SMD pour la sélection de modèles via des méthodes de clustering (DBSCAN) ou de front de Pareto. Sur des données synthétiques avec divers confounders, A2A a réduit la plage d'ATE jusqu'à 90 %, avec la sélection Pareto excellant pour les scénarios à nombreux confounders et SMD-A2A pour ceux à faible nombre. Les tests réels, comme sur l'ensemble de données Groupon, ont réduit la variabilité d'ATE de 1000 à 600, certains ensembles atteignant une plage nulle.

Implémentation d'A2A avec popmatch

Alexandre a intégré A2A dans popmatch, un package Python améliorant le PSM avec les méthodes de MatchIt de R. popmatch rationalise l'estimation de la propension, l'appariement, et la validation, soutenant les chercheurs sous le contrôle des autorités sanitaires. Le package, disponible sur GitHub, est un outil de recherche mais vise une intégration dans des bibliothèques établies comme CausalML. Le travail d'Alexandre, réalisé comme hobby, a suscité l'intérêt de la Sécurité Sociale française et de consortiums hospitaliers, avec des présentations prévues pour 2024. Il a invité à des contributions communautaires, offrant des opportunités pour les chercheurs et développeurs de rejoindre un projet collaboratif à faible taux d'épuisement. La conférence a mis en lumière le potentiel d'A2A à s'étendre au-delà du PSM, peut-être aux MetaLearners, renforçant le rôle de PyData dans la promotion de méthodologies fiables en science des données.

Liens

- Replay sur YouTube: https://www.youtube.com/watch?v=y75GbnHizaQ
- Site web de Heka: https://heka.ai/
- Repo GitHub de popmatch:

Chroniques de PyData Paris 2024
https://github.com/AlexandreAbraham/popmatch

Intervalles de Prédiction Adaptatifs

Andro Sabashvili a présenté une conférence sur « Intervalles de Prédiction Adaptatifs » . Cette session a exploré les algorithmes de pointe pour construire des intervalles de prédiction adaptatifs, essentiels pour quantifier l'incertitude dans les contextes de régression. Andro a mis l'accent sur l'adaptivité, garantissant que les intervalles reflètent la confiance du modèle pour chaque observation, contrairement aux intervalles statiques. Organisée par PyData, une initiative de NumFOCUS, la conférence ciblait les data scientists intéressés par la prédiction conforme et la prise de décision sous incertitude. Andro a comparé des algorithmes comme la Prédiction Conforme Localement Adaptative et LoCART, offrant des insights pratiques. Cet article explore la théorie, les algorithmes et les résultats de benchmarking.

Comprendre les Intervalles de Prédiction et la Prédiction Conforme

Andro a défini les intervalles de prédiction comme des plages capturant la vraie valeur d'une variable cible avec une probabilité de 1 moins alpha (par exemple, 90 % pour alpha = 10 %). Axée sur la régression, la conférence a introduit la prédiction conforme fractionnée pour son efficacité computationnelle. Cette méthode divise les données en ensembles d'entraînement et de calibration, ajuste un estimateur de base, calcule des scores de conformité (amplitudes d'erreur) sur l'ensemble de calibration, et construit des intervalles à l'aide du percentile 1-moins-alpha de ces scores. Andro a souligné la modularité de la prédiction conforme—compatible avec tout estimateur—et sa robustesse statistique, garantissant une couverture marginale (probabilité de 1 moins alpha de capturer la vraie valeur) sous l'échangeabilité, une condition plus faible que l'IID. Cependant, la prédiction conforme standard produit des intervalles de largeur constante, manquant d'adaptivité pour refléter la confiance variable du modèle.

Atteindre l'Adaptivité dans les Intervalles

de Prédiction

L'adaptivité, liée à la couverture conditionnelle, ajuste les largeurs des intervalles en fonction de l'erreur du modèle à des points spécifiques. Andro a illustré cela avec des graphiques : les intervalles de largeur constante ignorent la dispersion des erreurs, tandis que les intervalles adaptatifs s'élargissent là où les erreurs sont plus grandes (par exemple, X entre 1 et 2). Une couverture conditionnelle exacte est infaisable avec des échantillons finis, donc les algorithmes ciblent une couverture conditionnelle locale en partitionnant l'espace des caractéristiques. Andro a passé en revue quatre algorithmes :

- **Régression Quantile Conforme (CQR)** : Ajuste des régresseurs quantiles aux 5e et 95e percentiles pour des intervalles à 90 %, implémenté dans MAPIE.
- **Prédiction Conforme Localement Adaptative (LACP)** : Utilise des résidus pondérés (divisés par la déviation absolue moyenne) pour adapter les intervalles.
- **LoCART/LoForest** : Partitionne l'espace des caractéristiques avec des arbres de décision ou des forêts aléatoires, calculant des quantiles par nœud pour des intervalles adaptatifs.
- **LSF** : Regroupe les prédictions en bins, associant des distributions cibles, bien que non strictement conforme.

Andro a noté que le partitionnement basé sur les arbres de LoCART excelle dans la capture des distributions d'erreurs, le rendant très adaptatif.

Benchmarking et Applications Pratiques

Andro a comparé ces algorithmes sur des ensembles de données publics, évaluant le score Winkler conditionnel (combinant largeur et couverture), la couverture conditionnelle, et le score Winkler standard. À l'aide de diagrammes de différence critique, LoCART et LoForest se sont classés parmi les meilleurs, tirant parti de la capacité des arbres de décision à partitionner efficacement l'espace des caractéristiques. Andro a souligné les implications pratiques : les intervalles adaptatifs améliorent la prise de décision dans des domaines comme la finance ou la santé, où l'incertitude varie selon le contexte. Il a recommandé le repo GitHub Awesome Conformal Prediction pour approfondir et encouragé l'utilisation de MAPIE pour CQR. La conférence a renforcé le rôle de PyData dans la promotion de la science des données de pointe.

Liens

- Replay sur YouTube: https://www.youtube.com/watch?v=t56zcfj51aU
- Repo GitHub Awesome Conformal Prediction: https://github.com/valeman/awesome-conformal-prediction

Dernières Fonctionnalités de scikit-learn

Guillaume Lemaitre et **Stefanie Senger**, ingénieurs logiciels dans l'équipe open-source d'Inria, ont présenté « Une Mise à Jour sur les Dernières Fonctionnalités de scikit-learn » . Cette conférence a mis en lumière les fonctionnalités des versions 1.4 et 1.5 de scikit-learn, incluant l'API de routage de métadonnées, TunedThresholdClassifierCV, un support amélioré pour les caractéristiques catégoriques et les valeurs manquantes, et une meilleure interopérabilité entre tableaux et dataframes. Organisée par PyData, un programme de NumFOCUS, la session ciblait les data scientists Python souhaitant exploiter les capacités évolutives de scikit-learn. Guillaume et Stefanie ont démontré des applications pratiques, comme l'optimisation de la détection de fraudes par carte de crédit, renforçant la polyvalence de scikit-learn. Cet article explore ces fonctionnalités et leur impact.

API de Routage de Métadonnées pour une Flexibilité Accrue

Stefanie a introduit l'API de routage de métadonnées, entièrement disponible dans la version 1.5, qui permet de transmettre des métadonnées (par exemple, poids des échantillons, groupes) à travers des pipelines complexes, y compris des structures imbriquées comme les recherches par grille et la validation croisée. Auparavant, scikit-learn limitait l'utilisation des métadonnées, provoquant des erreurs dans les configurations imbriquées. L'API, activée via une configuration globale, achemine les métadonnées vers des composants spécifiques (par exemple, estimateurs, scoreurs) à l'aide de requêtes de méthode. Dans un exemple d'étude médicale, les groupes ont empêché les fuites de données en garantissant que les échantillons spécifiques à un hôpital restaient dans les ensembles d'entraînement ou de validation, tandis que les poids des échantillons ont équilibré les caractéristiques biaisées comme l'âge ou la race. Cette API prend en charge les métadonnées personnalisées, améliorant l'intégration avec des bibliothèques comme Fairlearn, et promet des paramètres par défaut dans les futures versions pour plus de commodité.

Optimisation des Décisions avec TunedThresholdClassifierCV

Guillaume a présenté TunedThresholdClassifierCV, un nouvel estimateur optimisant les décisions opérationnelles à l'aide de métriques commerciales. Dans un exemple de détection de fraudes par carte de crédit, les classificateurs prédisent les transactions légitimes ou frauduleuses, mais les parties prenantes ont besoin de décisions basées sur les montants des transactions (métadonnées). Guillaume a défini une fonction d'utilité traduisant les entrées de la matrice de confusion en euros, intégrant les métadonnées via l'API de routage. L'estimateur ajuste les seuils de classification pour maximiser cette utilité, dépassant le seuil par défaut de 0,5 pour optimiser les résultats financiers. Cette fonctionnalité relie la classification et la prise de décision, alignant les modèles sur des objectifs réels, et démontre l'orientation croissante de scikit-learn vers des applications pratiques.

Amélioration de la Gestion des Données et de l'Interopérabilité

Guillaume et Stefanie ont mis en avant les améliorations dans la gestion des données. Scikit-learn prend désormais en charge les dataframes Polars en plus de pandas, les convertissant en NumPy en interne pour la compatibilité. L'API Array permet des calculs sur divers matériels (par exemple, GPU via des tenseurs PyTorch), réduisant le temps d'exécution d'une PCA de 40 secondes à 440 millisecondes dans un exemple. Le support natif des caractéristiques catégoriques et des valeurs manquantes dans les modèles basés sur les arbres, comme HistGradientBoosting, élimine le prétraitement manuel, simplifiant les pipelines. Ces mises à jour, disponibles ou prévues pour les versions 1.5 et 1.6, améliorent la flexibilité et les performances de scikit-learn, renforçant la mission de PyData de faire avancer les outils de science des données.

Liens

- Replay sur YouTube:

https://www.youtube.com/watch?v=PlCn-hqdMLw
- Site web d'Inria: https://www.inria.fr/
- Repo GitHub de scikit-learn: https://github.com/scikit-learn/scikit-learn

Gestion de l'Incertitude Prédictive en Machine Learning

Olivier Grisel, Open Source Fellow chez probabl et contributeur principal à scikit-learn, a donné une conférence keynote captivante sur « Gestion de l'Incertitude Prédictive en Machine Learning » . Cette session a exploré comment les praticiens du machine learning peuvent gérer l'incertitude des prédictions issues de données bruitées, en mettant l'accent sur les modèles probabilistes et la prise de décision optimale. Organisée par PyData, une initiative de NumFOCUS, la conférence ciblait les data scientists cherchant à aligner leurs modèles sur la valeur métier. Olivier a abordé les prédictions probabilistes, la calibration et les seuils de décision, utilisant des exemples comme la détection de fraudes et le dépistage médical. Cet article explore son cadre, ses métriques et ses idées pratiques.

Prédictions Probabilistes et Prise de Décision

Olivier a présenté l'incertitude prédictive comme un défi central en machine learning, où le « bruit » provient de facteurs non mesurés ou de données imprécises. Il a proposé un pipeline où un modèle probabiliste produit des probabilités pour tous les résultats possibles, qu'un décideur opérationnalise ensuite. En prenant l'exemple de la détection de fraudes, le modèle prédit si une transaction par carte de crédit est frauduleuse ou légitime, tandis que le décideur l'accepte ou la rejette en fonction des probabilités et des métadonnées comme le montant de la transaction. Ce découplage permet d'optimiser indépendamment le modèle (pour des probabilités précises) et le décideur (pour les résultats métier). Olivier a étendu cela au dépistage médical (prédire une maladie et décider d'un traitement) et aux systèmes de recommandation, soulignant le besoin de prévisions probabilistes pour des décisions complexes.

Optimisation des Décisions avec des

Métriques Métier Personnalisées

En se concentrant sur la classification binaire, Olivier a introduit une matrice de coûts pour définir les métriques métier, avec les lignes représentant les décisions (accepter/rejeter) et les colonnes les résultats (positif/négatif). Pour la détection de fraudes, accepter une transaction légitime peut générer un gain de 2 %, tandis qu'accepter une transaction frauduleuse entraîne des pertes (remboursement plus frais). Une formule théorique calcule un seuil de décision optimal basé sur les probabilités prédites et les métadonnées, en supposant des modèles bien calibrés. Pour les modèles non calibrés, Olivier a suggéré une calibration isotonique ou l'estimateur TunedThresholdClassifierCV de scikit-learn, qui teste les seuils de manière validée croisée pour maximiser la métrique métier. Cette approche garantit des décisions alignées sur les objectifs financiers ou opérationnels, comme minimiser les coûts de fraude.

Construire des Classificateurs Probabilistes Bien Calibrés

Olivier a insisté sur l'importance des classificateurs bien calibrés, où les probabilités prédites correspondent aux résultats observés (par exemple, une probabilité prédite de 90 % signifie que 90 % des cas sont positifs). Les courbes de calibration tracent les probabilités prédites par rapport aux probabilités réelles ; les écarts indiquent une surconfiance (prédire 95 % quand 80 % sont positifs) ou une sous-confiance. Les causes courantes de mauvaise calibration incluent une mauvaise spécification du modèle (par exemple, modèles linéaires sur des données non linéaires) ou des hyperparamètres inappropriés. À l'aide d'un jeu de données XOR synthétique, Olivier a montré comment les transformations polynomiales des caractéristiques et des hyperparamètres ajustés (via la perte logarithmique ou le score de Brier) produisent des modèles calibrés. Les règles de score strictement propres comme la perte logarithmique garantissent à la fois la netteté (capacité de classement) et la calibration, essentielles pour des prévisions probabilistes fiables.

Perspectives Pratiques et Métriques

d'Évaluation

Olivier a recommandé d'utiliser des règles de score propres (perte logarithmique, score de Brier) plutôt que des métriques de classement (ROC AUC) ou de classification dure (précision, score F1) pour évaluer les classificateurs probabilistes. La perte logarithmique se décompose en perte de calibration (précision des probabilités), perte de regroupement (utilisation des caractéristiques) et perte irréductible (bruit inhérent). La perte de calibration est corrigeable via une calibration isotonique, tandis que la perte de regroupement s'améliore avec de meilleurs modèles. Pour un déploiement en conditions réelles, Olivier a conseillé des tests A/B et une surveillance de la calibration sur des données fraîches pour atténuer les dérives de distribution. Ses carnets de tutoriels, partagés via un QR code, offrent une guidance pratique. La plateforme PyData, soutenue par NumFOCUS, favorise de telles avancées en science des données.

Liens

- Replay sur YouTube: https://www.youtube.com/watch?v=-gYnfA0e5ic
- Consultez les slides sur Google Docs: https://docs.google.com/presentation/d/1EBCSCDQ3nTPaKZ Gx9ZLWXfvkD1Y-ODo9j_ETAnx5zLQ/edit%23slide=id.g2f26b 611275_1_45
- Site web d'Inria: https://www.inria.fr/
- Repo GitHub de scikit-learn: https://github.com/scikit-learn/scikit-learn

Lighting Talks - Session 2 : Innovations Diverses

Plusieurs orateurs ont présenté un ensemble dynamique de lighting talks lors de la Session 2 . Cette session a proposé des présentations rapides sur des sujets allant du traitement de données haute performance à la robustesse de l'IA, en passant par la construction communautaire et la réparation de matériel. Organisée par PyData, une initiative de NumFOCUS, ces conférences ont mis en lumière la diversité de l'écosystème de la science des données Python, ciblant des praticiens de tous niveaux. De l'optimisation de pandas avec FireDucks aux superpouvoirs de l'ADHD et à l'uniformité linguistique, la session a présenté des outils pratiques et des idées stimulantes. Cet article résume les principales conférences, mettant en avant leurs contributions à la communauté.

FireDucks : Une Alternative Haute Performance à Pandas

Surv a présenté FireDucks, une alternative haute performance à pandas développée dans un laboratoire pour réduire le temps de traitement des données et les coûts cloud. Contrairement à l'exécution mono-threadée de pandas, FireDucks utilise un compilateur paresseux et multi-threadé avec une API compatible avec pandas. Il optimise les pipelines de données, réduisant le temps d'exécution de plusieurs heures à quelques minutes, comme démontré dans une application cloud. FireDucks s'intègre avec des bibliothèques comme scikit-learn et Plotly, ne nécessitant aucun apprentissage supplémentaire pour les utilisateurs de pandas. Sa conception éco-responsable réduit les émissions de carbone, idéale pour l'analyse de données à grande échelle.

Robustesse de l'IA et Attaques Adversariales

Un orateur japonais a discuté de la robustesse de l'IA, illustrant comment un modèle ResNet a mal classé un panda comme une balle de tennis avec 99 % de confiance en raison d'une attaque adversarial. En maximisant la perte via une différentiation automatique, les attaquants peuvent manipuler les entrées du modèle. Cette vulnérabilité, explorée dans un carnet, souligne le besoin de systèmes IA robustes. Cette technique a également inspiré les réseaux antagonistes génératifs (GANs), montrant comment les méthodes adversariales stimulent l'innovation en IA.

PyLadies Paris : Construire une Communauté Inclusive

Une représentante de PyLadies Paris a mis en avant leur organisation mondiale avec 219 chapitres, favorisant une communauté inclusive pour les femmes et leurs alliés dans Python. Elles ont invité à des parrainages pour l'hébergement, les goodies et les licences de streaming d'événements, encourageant les conférences et la participation via Slack, Twitter et Meetup (plus de 600 membres). PyLadies Con en décembre a été promu comme une opportunité en ligne pour s'engager, renforçant l'esprit communautaire de PyData.

Programmation Géospatiale Quotidienne avec Geopandas

Aditya, de Helsinki, a partagé comment geopandas et shapely peuvent tracer des canaux maritimes à partir de données géospatiales brutes, proposant leur utilisation pour des tâches quotidiennes comme la cartographie de plans de vacances. Des volontaires ont suggéré un flux logique : obtenir des cartes de fond, trouver les coordonnées des villes et tracer les itinéraires. Une démonstration en direct a mis en avant la simplicité de geopandas, encourageant les participants à explorer Python géospatial pour des applications pratiques.

Uniformité Linguistique et LLMs

Tamar a exploré comment les grands modèles de langage (LLMs) et les outils comme Grammarly standardisent l'anglais, pouvant effacer les voix uniques. Elle a introduit l'« idéologie de la langue standard

», où les structures de pouvoir définissent le langage « professionnel », influençant l'emploi et l'inclusion. Les données d'entraînement des LLMs, façonnées par les disparités d'accès à Internet, renforcent ces structures. Tamar a plaidé pour une utilisation consciente des LLMs afin de préserver la diversité linguistique, suscitant une réflexion sur l'impact sociétal de l'IA.

Partage de Widgets entre Frameworks

Mark a discuté de la norme de module frontal « anywidget », permettant le partage de widgets entre frameworks d'applications de données comme Jupyter, Panel et Marimo. Contrairement aux widgets spécifiques à un framework (par exemple, les UDF de Polars), cette norme favorise l'interopérabilité, comme vu dans un widget de carte de plan carbone désormais utilisable dans Panel. Mark a exhorté les développeurs à adopter cette norme, renforçant la collaboration open-source et la réutilisabilité des widgets.

Plaidoyer pour l'Optimisme avec les Données

Gom a utilisé des données pour contrer le pessimisme, montrant des baisses de la pauvreté mondiale et de la mortalité infantile, et un découplage des émissions de CO_2 du PIB. L'adoption des panneaux solaires a dépassé les prédictions, soulignant le potentiel des énergies renouvelables. En comparant les merveilles antiques aux réalisations modernes comme ChatGPT, Gom a encouragé un optimisme basé sur les données et a incité les participants à construire des solutions, en phase avec l'accent de PyData sur l'innovation.

Liens

- Replay sur YouTube: https://www.youtube.com/watch?v=Z2agL6Dgako

Confieriez-vous à ChatGPT l'appel au 112 ?

Nicolas Guenon des Mesnards, ingénieur en machine learning chez Giskard, a présenté une conférence intitulée « Confieriez-vous à ChatGPT l'appel au 112 ? » . Cette session a exploré l'équilibre entre les modèles déterministes et probabilistes pour garantir la fiabilité des systèmes de machine learning en production. Organisée par PyData, une initiative de NumFOCUS, la conférence s'adressait aux ingénieurs ML, data scientists et chercheurs. Nicolas, s'appuyant sur son expérience chez Alexa et Giskard, a souligné les limites des modèles probabilistes comme les grands modèles de langage (LLM) dans les scénarios critiques (par exemple, appeler le 112) et a proposé des stratégies pour les combiner avec des systèmes déterministes pour plus de robustesse. Cet article explore ses motivations, ses techniques d'atténuation et ses outils pratiques, offrant des idées exploitables pour des systèmes ML fiables.

L'Importance de la Fiabilité des Systèmes ML

Nicolas a débuté en soulignant les enjeux des IA non fiables, citant des incidents comme un avocat utilisant ChatGPT pour citer des cas juridiques inexistants, un journaliste incitant le modèle à expliquer la fabrication d'une bombe, et une génération d'images biaisée déformant des figures historiques. Ces exemples montrent que les modèles probabilistes, bien qu'excellant « en moyenne », peuvent échouer dans des scénarios critiques où une exactitude constante est essentielle, comme les services d'urgence. Il a noté l'augmentation exponentielle des incidents liés à l'IA ces dernières décennies, des arrestations injustifiées dues à une vision par ordinateur défectueuse aux erreurs éthiques des IA génératives. Nicolas a soutenu que la fiabilité est cruciale non seulement pour l'expérience utilisateur, mais aussi pour la conformité légale et la gouvernance. Par exemple, un appareil Alexa ne doit pas effectuer d'achats sans consentement, et les voitures autonomes doivent éviter les piétons pour éviter des poursuites judiciaires. Sa motivation était claire : anticiper et atténuer les erreurs pour garantir la confiance dans les systèmes en production.

Combiner Modèles Déterministes et Probabilistes

Nicolas a expliqué le fonctionnement des modèles probabilistes, utilisant la génération de blagues par Alexa comme exemple. Ces modèles prédisent le mot suivant à partir de scores de probabilité, introduisant du hasard pour la créativité, ce qui peut conduire à des sorties non contrôlées, comme des blagues offensantes. En revanche, les systèmes déterministes, comme les moteurs basés sur des règles, garantissent des sorties spécifiques (par eksempel, « appeler le 112 » déclenche un appel). Pour atténuer les risques, Nicolas a proposé des techniques comme des réponses prédéfinies, où les modèles appellent des API curated (par exemple, pour la météo ou les mathématiques) au lieu de générer des réponses. L'alignement des modèles, via l'apprentissage par renforcement à partir de retours humains (RLHF), entraîne les modèles à privilégier des sorties respectueuses, tandis que l'ingénierie des prompts intègre des instructions éthiques. La sanitisation post-modèle filtre les langages offensants, et le décodage contraint assure des sorties structurées comme du JSON valide. Pour les cas critiques, les règles déterministes priment

Liens

- Replay sur YouTube: https://www.youtube.com/watch?v=UUNaRYvEJkY
- Site web de Giskard: https://www.giskard.ai/
- Nicolas sur LinkedIn: https://www.linkedin.com/in/nicolas-guenon-des-mesnards/

Exploiter les LLMs pour Créer des Jeux de Données Supervisés:

Justine Bel-Letoile et **Sébastien Carton**, data scientists chez HelloWork, ont présenté une conférence intitulée « Exploiter les LLMs pour créer des jeux de données supervisés adaptés aux modèles plus petits » . Cette session a exploré comment les grands modèles de langage (LLMs) peuvent accélérer la création de jeux de données de haute qualité pour entraîner des modèles NLP plus petits, prêts pour la production. Organisée par PyData, une initiative de NumFOCUS, la conférence s'adressait aux data scientists et praticiens du NLP. Justine et Sébastien ont partagé des cas pratiques issus de HelloWork, leader français des technologies de recrutement, en se concentrant sur la reconnaissance d'entités nommées (NER) pour l'extraction de salaires et l'identification de compétences. Ils ont abordé l'annotation assistée par LLMs, le choix des modèles et les pièges courants, offrant des insights exploitables pour des pipelines NLP efficaces. Cet article explore leur méthodologie, leurs résultats et leurs recommandations pour tirer parti des LLMs dans la création de jeux de données.

Pourquoi Opter pour des Modèles Plus Petits et des LLMs pour la Création de Données ?

Justine a débuté en expliquant pourquoi HelloWork privilégie les modèles plus petits aux LLMs en production. Bien que les LLMs excellent dans les tâches NLP en zero-shot ou few-shot, les contraintes de production—coût, latence, confidentialité, impact environnemental et dépendance aux fournisseurs—les rendent souvent peu pratiques. Par exemple, le traitement des CV nécessite des réponses en millisecondes, et l'envoi de données sensibles à des API tierces soulève des préoccupations de confidentialité, notamment sous le règlement de l'UE sur l'IA. Les modèles plus petits, comme la régression logistique ou les classificateurs basés sur BERT, offrent des solutions rapides et économiques s'ils sont entraînés sur des jeux de données robustes. Cependant, l'annotation manuelle est chronophage et sujette aux erreurs. Justine et Sébastien ont proposé d'utiliser les LLMs pour automatiser ou semi-automatiser la création de jeux de données, réduisant l'effort tout en maintenant la qualité. Ils ont cherché à répondre à trois questions : les LLMs peuvent-ils remplacer l'annotation manuelle ? Combien de temps cela permet-il de gagner ? Quels sont les pièges ? Leur conférence s'est concentrée sur deux tâches NER : extraire les salaires des offres d'emploi et identifier les compétences dans les CV, essentielles pour la plateforme HelloWork.

Étude de Cas 1 : Amélioration de l'Extraction de Salaires

Le premier cas d'usage visait à améliorer un modèle NER existant pour extraire les salaires des sections « informations supplémentaires » des offres d'emploi, qui peuvent inclure le type de contrat, les dates ou les détails sur le télétravail. Le modèle, une régression logistique entraînée sur 20 000 points de données annotés manuellement et synthétiques, affichait un F-score élevé mais souffrait de faux positifs—inacceptables pour afficher les salaires sur les pages de recherche de HelloWork. Justine et Sébastien ont testé si un jeu de données généré par un LLM pouvait égaler ces performances sans nouvelles annotations manuelles. Ils ont utilisé un modèle de question-réponse (QA), QT-Large de l'INRIA français, pour extraire les segments de salaire, évaluant sur un ensemble de test de 9 000 textes (3 000 existants, 6 000 nouveaux, annotés manuellement). QT-Large a surpassé les modèles plus petits comme CamemBERT, mais produisait des faux positifs (par exemple, confondant « orienté équipe » avec un salaire). Pour améliorer la qualité, ils ont appliqué une classification zero-shot pour filtrer les résultats et des expressions régulières pour nettoyer, bien que ces dernières soient chronophages. Le jeu de données entièrement automatisé, filtré avec un modèle zero-shot, a légèrement réduit les faux positifs, atteignant l'objectif. Cette approche a permis d'économiser un temps d'annotation significatif, bien que la conception du pipeline ait requis un effort initial.

Étude de Cas 2 : Extraction de

Compétences des CV

Le second cas d'usage concernait la création d'un modèle NER pour identifier les compétences dans les CV, une tâche subjective nécessitant des définitions claires. Justine et Sébastien ont catégorisé les compétences en quatre types : compétences techniques, sous-compétences (outils, logiciels), certifications (permis spéciaux) et tâches principales (descriptions de rôles). Contrairement à l'extraction de salaires, les modèles QA étaient inadaptés, car les CV contiennent plusieurs segments de compétences. Les tentatives initiales d'extraction directe des segments par les LLMs ont échoué, ils ont donc opté pour l'extraction de textes de compétences, avec un post-traitement pour localiser les segments via regex. Ils ont testé des modèles comme Mistral 7B, Llama 3.1 et NeuExtract, exécutés localement avec LM Studio ou sur des serveurs GPU OVH via vLLM. La langue était une contrainte, les CV étant principalement en français ou anglais, et les LLMs mélangeaient parfois les langues ou corrigeaient les fautes, compliquant la correspondance des segments. Une sortie structurée était cruciale pour l'automatisation, ils ont donc utilisé les bibliothèques Outlines et Guidance pour imposer des formats JSON, Outlines se révélant plus fiable. NeuExtract excellait pour les entités courtes (langues, certifications), tandis que les modèles plus grands géraient mieux les expressions longues. L'examen humain restait essentiel, les LLMs peinant sur les compétences nuancées, mais l'approche a considérablement accéléré la pré-annotation, prouvant sa scalabilité pour les jeux de données multilingues.

Liens

- Replay sur YouTube: https://www.youtube.com/watch?v=82AfIyGwGWk
- Site web de HelloWork: https://www.hellowork.com/

Dévoiler de Nouvelles Cartes de la Biologie avec `Squidpy`

Inácio Medeiros, chercheur postdoctoral à l'Institut Curie, a présenté une conférence passionnante intitulée « Dévoiler de nouvelles cartes de la biologie avec Squidpy » . Cette session a introduit la transcriptomique spatiale, une technique révolutionnaire nommée Méthode de l'Année 2020 par Nature, et a mis en avant la bibliothèque Python Squidpy pour l'analyse et la visualisation des données moléculaires spatiales. Organisée par PyData, une initiative de NumFOCUS, la conférence s'adressait aux bioinformaticiens, data scientists et biologistes. Inácio, membre de l'équipe de génomique intégrative étudiant les tumeurs cérébrales, a démontré comment Squidpy permet de cartographier l'expression génique dans les tissus, utilisant des données de cerveau de souris comme étude de cas. Cet article explore les fondamentaux de la transcriptomique spatiale, les capacités de Squidpy et son impact sur la recherche biologique, offrant des insights sur ce domaine de pointe.

La Puissance de la Transcriptomique Spatiale

Inácio a commencé par une introduction à la biologie, comparant l'ADN à du code Python, l'ARN à du code assembleur et les protéines à des fichiers binaires. L'expression génique—la fréquence de transcription des gènes en ARN—différencie les cellules comme les neurones des cellules hépatiques, malgré un ADN identique. La transcriptomique spatiale, initiée en 2016 par une équipe suédoise, capture non seulement les séquences d'ARN, mais aussi leurs coordonnées spatiales dans les tissus, révolutionnant la biologie moléculaire. Nommée Méthode de l'Année 2020 par Nature, elle permet de cartographier l'expression génique dans des organes comme le cerveau de souris, un jeu de données bien étudié en raison de sa physiologie structurée. Inácio a expliqué le processus expérimental : les échantillons de tissu sont placés sur des plaques avec des sondes ADN, chaque spot étant tagué avec des coordonnées XY. Les machines de séquençage convertissent ces données en tables numériques de comptages de gènes par spot, accompagnées d'images histologiques. Cette résolution spatiale répond à des questions clés, comme la variation de l'expression génique entre les régions du cerveau, facilitant la recherche sur des maladies comme le cancer.

Squidpy : Une Bibliothèque Python pour l'Analyse Spatiale

Inácio a présenté Squidpy, développé par Joan Pao au T-Lab en Allemagne, comme un outil polyvalent pour la transcriptomique spatiale. Intégré à l'écosystème scverse, Squidpy prend en charge plusieurs technologies, notamment 10x Visium, qui utilise une capture basée sur des spots (5–10 cellules par spot). Sa structure de données principale, AnnData, combine les matrices d'expression génique avec les annotations des spots et les images histologiques. Squidpy permet le clustering, la visualisation et les statistiques spatiales, tenant compte des particularités des données, comme l'autocorrélation spatiale. Inácio a démontré les fonctions de traçage en une ligne de Squidpy, qui visualisent les clusters d'expression génique dans le tissu cérébral de souris, reproduisant remarquablement les structures biologiques sans données spatiales initiales. Les fonctionnalités avancées incluent la statistique de Moran's I pour identifier les gènes spatialement corrélés et la déconvolution des types cellulaires pour inférer les types de cellules dans les spots. Inácio a souligné le rôle de Squidpy dans les analyses en aval, comme l'identification des gènes spatialement variables et des interactions cellulaires, le rendant indispensable pour les bioinformaticiens étudiant la composition des tissus.

Défis et Perspectives d'Avenir

Inácio a abordé les défis de la transcriptomique spatiale, notamment avec 10x Visium, où les spots englobent plusieurs cellules, compliquant l'identification des types cellulaires. Les algorithmes de machine learning et statistiques, y compris les modèles supervisés entraînés sur des jeux de données unicellulaires, s'attaquent à cette tâche de déconvolution, bien que des méthodes non supervisées, comme l'analyse en composantes indépendantes, émergent. Les big data posent un autre défi, avec des téraoctets d'informations génomiques nécessitant des outils évolutifs. Squidpy, avec des bibliothèques comme SpatialData et Scanpy, répond à ces besoins grâce à des structures de données efficaces et un soutien communautaire via scverse. Inácio a répondu aux questions du public sur la maintenance des outils, notant que le réseau collaboratif de scverse garantit la pérennité de Squidpy, contrairement à de nombreux outils académiques qui tombent en désuétude après un doctorat. Il a également discuté du potentiel des modèles de fondation comme scGPT pour les données unicellulaires, prédisant leur application future à la transcriptomique spatiale malgré les défis liés à l'hétérogénéité des formats d'échantillons. La plateforme de PyData, soutenue par NumFOCUS, favorise ces innovations, faisant progresser la recherche en bioinformatique.

Liens

- Replay sur YouTube: https://www.youtube.com/watch?v=qsYHuNcitzA
- Site web de l'Institut Curie: https://curie.fr/
- Explorez Squidpy sur GitHub: https://github.com/scverse/squidpy

Géoscience à Grande Échelle

Hendrik Makait, mainteneur chez Coiled, a présenté une conférence intitulée « Géoscience à grande échelle » . Cette session a exploré comment Dask, une bibliothèque Python pour le calcul distribué, permet aux géoscientifiques de traiter des ensembles de données de l'ordre du pétaoctet, s'intégrant parfaitement à Xarray. Organisée par PyData, une initiative de NumFOCUS, la conférence s'adressait aux data scientists et géoscientifiques. Hendrik a démontré l'application de Dask sur un sous-ensemble de 12 téraoctets d'un jeu de données de 250 téraoctets du National Water Model, mettant en avant les améliorations récentes comme le rechunking P2P et le besoin de benchmarks géospatiaux. Il a discuté des défis tels que la gestion de la mémoire et l'explosion des tâches, proposant une feuille de route pour l'avenir de Dask. Cet article explore le rôle de Dask en géoscience, ses avancées et l'appel de Hendrik à des benchmarks communautaires.

Dask et Xarray : Échelonner les Charges de Travail en Géoscience

Hendrik a commencé par démontrer la puissance de Dask en géoscience, utilisant un cluster de 100 machines sur Coiled pour traiter un jeu de données de 12 téraoctets de l'Office of Water Forecasting des États-Unis. La tâche—calculer la profondeur moyenne du sol par comté américain—a réduit 12 téraoctets à 140 mégaoctets pour 2 $ en coûts cloud, une prouesse impossible sur un ordinateur portable. Dask, une bibliothèque de parallélisme général, échelle les calculs Python, supportant pandas, NumPy et les charges personnalisées. Xarray, décrit comme « NumPy avec des étiquettes », améliore cela en assignant des coordonnées significatives (temps, latitude) aux tableaux multidimensionnels, simplifiant l'analyse géospatiale. Ensemble, Dask et Xarray distribuent les calculs sur des clusters, accédant efficacement aux données stockées dans le cloud. Hendrik a montré le chargement du jeu de données, le calcul de la moyenne et la visualisation des résultats, soulignant la capacité de Dask à gérer des données à l'échelle du téraoctet. Cependant, il a noté que l'échelonnement à des pétaoctets reste difficile en raison de problèmes comme le chunking et la gestion de la mémoire.

Relever les Défis de Mise à l'Échelle de Dask

Hendrik a abordé franchement les limites de Dask dans les calculs à grande échelle. Le chunking—diviser les données en morceaux gérables—est crucial, mais un chunking inapproprié provoque des surcharges de mémoire ou des explosions de tâches. Par exemple, rechunker un jeu de données de dimensions spatiales à temporelles (images satellites quotidiennes vers des résumés temporels) surchargeait historiquement le planificateur de Dask avec trop de tâches. Les améliorations récentes incluent le rechunking P2P, qui réduit le nombre de tâches d'une échelle quadratique à linéaire, utilisant le stockage sur disque pour plus de stabilité. Hendrik a montré une démo comparant l'ancien rechunking basé sur les tâches (55 000 tâches) au P2P (15 000 tâches) sur 100 Go, mettant en évidence des performances plus rapides et efficaces en mémoire. Un autre défi, le downscaling (moyennes glissantes), multipliait auparavant les chunks de manière excessive (180 à 67 000). Un algorithme réimplémenté maintient désormais les tailles de chunks, réduisant les tâches à des niveaux gérables. Ces avancées, portées par Coiled, rendent Dask plus robuste, mais Hendrik a insisté sur la nécessité d'optimisations supplémentaires pour un traitement fluide à l'échelle du pétaoctet.

Le Besoin de Benchmarks Géospatiaux

Hendrik a souligné l'absence de benchmarks industriels pour les charges de travail géospatiales, contrairement au benchmark TPC-H pour les données tabulaires, qui a guidé la refonte de l'API DataFrame de Dask (gain de performance de 20x). Les benchmarks sont cruciaux pour prioriser les efforts d'ingénierie, garantissant que les optimisations répondent aux besoins réels. Il a proposé un benchmark géospatial communautaire axé sur des charges de travail de bout en bout à l'échelle du téraoctet au pétaoctet, reflétant les tâches réelles en géoscience. Coiled, bien que spécialisé dans le déploiement de Dask, manque d'expertise en géoscience, donc Hendrik a appelé le public à proposer des charges de travail représentatives. Cette approche collaborative vise à éviter d'optimiser pour des scénarios non pertinents, assurant que Dask évolue pour répondre aux demandes des utilisateurs. La plateforme de PyData, soutenue par NumFOCUS, favorise de telles initiatives, stimulant les avancées en calcul géoscientifique scalable.

Liens

- Replay sur YouTube: https://www.youtube.com/watch?v=UOpNhItJNv8
- NumFOCUS sur LinkedIn: https://www.linkedin.com/company/numfocs/
- Site web de Coiled: https://coiled.io/

`xsimd` : **De xtensor à Firefox**

Serge "sans Paille", ingénieur en compilation chez Mozilla et contributeur à QuantStack, a présenté une conférence intitulée « xsimd : de xtensor à firefox » . Cette session a exploré xsimd, une bibliothèque C++ pour le calcul vectorisé portable sur les architectures Intel, ARM, RISC-V et WebAssembly. Organisée par PyData, une initiative de NumFOCUS, la conférence s'adressait aux développeurs et data scientists. Serge a démontré comment xsimd abstrait les ensembles d'instructions vectorielles, permettant un code performant et portable utilisé dans des projets comme xtensor, Apache Arrow et le moteur de traduction de Firefox. Il a mis en avant son abstraction sans coût, garantissant des performances équivalentes à l'assembleur écrit à la main. Cet article explore la conception de xsimd, ses applications et son impact sur le calcul haute performance.

Comprendre le Calcul Vectorisé avec xsimd

Serge a introduit le calcul vectorisé, où les unités de traitement vectoriel des CPU exécutent des opérations sur plusieurs éléments de données (par exemple, 16 flottants) en un seul cycle, offrant un parallélisme sans dépendance aux GPU. Les CPU modernes (AVX-512 d'Intel, NEON d'ARM, WebAssembly) supportent les instructions vectorielles, mais leur diversité complique la portabilité. xsimd résout cela en fournissant une abstraction C++ sur les ensembles d'instructions, supportant Intel (SSE2 à AVX-512), ARM (NEON, SVE), RISC-V et WebAssembly. Contrairement aux intrinsèques, qui lient le code à des CPU spécifiques, xsimd permet d'écrire du code générique compilé en instructions spécifiques à l'architecture. Serge a démontré cela avec une boucle calculant des opérations de multiplication-addition fusionnée, montrant sur Godbolt que la sortie de xsimd correspond à l'assembleur des intrinsèques AVX2, réalisant une « abstraction sans coût ». Le dispatch statique sélectionne les instructions à la compilation, tandis que le dispatch dynamique choisit les kernels à l'exécution, équilibrant portabilité et performance.

xsimd en Action : De Python à Firefox

xsimd alimente divers projets. Dans xtensor, un équivalent C++ de NumPy, il accélère les calculs sur tableaux. Pythran, un compilateur Python-vers-C++, utilise xsimd pour générer du code vectorisé, évitant les spécificités des ensembles d'instructions. Apache Arrow exploite xsimd pour le traitement de tableaux, et CR-Sparse l'utilise pour le traitement de signaux et d'images. Serge a mis en avant le rôle de xsimd dans Firefox, où il a remplacé l'assembleur écrit à la main pour la mise à l'échelle d'images par xsimd, maintenant les performances tout en ajoutant le support NEON en neuf lignes. Le moteur de traduction hors-ligne de Firefox, alimenté par gemmology, utilise xsimd pour une multiplication matricielle rapide sur des entiers 8 bits, supportant les tâches d'IA avec une perte de précision minimale. Serge a montré un extrait de code détectant des motifs via des masques vectoriels, vérifiant une sortie assembleur identique. Avec 25 000 lignes, la conception header-only de xsimd assure une intégration facile, avec des paquets dans Fedora et Debian.

Défis et Perspectives d'Avenir

Serge a abordé les défis de xsimd, notamment les variations de précision entre ensembles d'instructions (par exemple, les racines carrées inverses rapides sacrifient la précision). Le CI de xsimd compare les opérations scalaires et vectorielles, bien que des problèmes persistent sur certains matériels ARM. Le dispatch dynamique augmente la taille des binaires et la complexité de la compilation, nécessitant plusieurs drapeaux de compilateur, mais la mise en cache de la détection CPU réduit les coûts à l'exécution. Contrairement aux bibliothèques BLAS, qui optimisent pour des latences CPU spécifiques, xsimd abstrait les ensembles d'instructions, pas les détails microarchitecturaux, limitant son attrait pour ces cas d'usage. Une proposition d'extension de la bibliothèque standard C++, inspirée par xsimd et Highway de Google, signale son influence croissante. La communauté de PyData, soutenue par NumFOCUS, stimule l'adoption de xsimd, avec QuantStack et Mozilla assurant sa maintenance, en faisant une pierre angulaire du calcul haute performance portable.

Liens

- Replay   sur   YouTube:

https://www.youtube.com/watch?v=tgdiKd3XXSQ
- Site web de Mozilla: https://www.mozilla.org/
- Site web de QuantStack: https://quantstack.net/
- Explorez   xsimd   sur   GitHub:
  https://github.com/xtensor-stack/xsimd

Modèles Fondamentaux pour la Prévision de Séries Temporelles : Sommes-Nous Arrivés ?

Luca Baggi et **Gabriele Orlandi**, ingénieurs en machine learning chez Extreme, ont présenté une conférence intitulée « Modèles Fondamentaux pour la Prévision de Séries Temporelles : Sommes-Nous Arrivés ? » . Cette session a exploré le potentiel des modèles fondamentaux basés sur les transformers, comme Amazon Chronos et Salesforce Moirai, pour la prévision de séries temporelles. Organisée par PyData, une initiative de NumFOCUS, la conférence s'adressait aux data scientists et praticiens de la prévision. Luca et Gabriele ont discuté des raisons pour lesquelles ces modèles ne dominent pas encore les environnements de production, abordant leurs architectures, ensembles de données d'entraînement et défis d'évaluation. Ils ont souligné la promesse des prévisions zéro-shot tout en mettant en garde contre les limitations de données et les problèmes de benchmarking. Cet article examine le fonctionnement de ces modèles, leurs besoins en données et les considérations pratiques pour leur adoption.

La Promesse des Prévisions Zéro-Shot

Luca et Gabriele ont débuté en s'interrogeant sur la raison pour laquelle les modèles basés sur les transformers, omniprésents en NLP et vision par ordinateur, ne sont pas devenus standards en prévision de séries temporelles. Ils ont présenté Amazon Chronos et Salesforce Moirai, qui imitent les grands modèles de langage (LLM) en s'entraînant sur des données de séries temporelles diverses pour permettre des prévisions zéro-shot—prédire sans réentraînement. Chronos, basé sur l'architecture T5, quantifie les séries temporelles en bacs discrets, traitant la prévision comme une tâche de classification. Moirai, entraîné sur plus de 27 milliards d'observations, utilise une approche par patchs, tokenisant les séries en segments de 32 points. Les deux modèles visent à capturer des motifs généraux comme les tendances et la saisonnalité, fournissant des prédictions et des intervalles pour des données non vues. Luca a souligné l'attrait : avec peu de données, les entreprises peuvent déployer des prévisions, évitant le besoin de grands ensembles de données ou de réentraînement, un changement majeur pour les entreprises à ressources limitées.

Défis de Données et Solutions Synthétiques

Les orateurs ont mis en évidence un goulot d'étranglement critique : la disponibilité des données. Contrairement aux LLM riches en textes, les ensembles de données de séries temporelles sont rares. Le référentiel Monash, une ressource clé, contient moins d'un milliard d'observations, tandis que les 27 milliards de Moirai et les ensembles divers de Chronos (incluant Monash et Hugging Face) sont des progrès mais insuffisants pour rivaliser avec les ambitions des LLM. Pour y remédier, les deux modèles intègrent des données synthétiques—jusqu'à 10 % pour Chronos—via des techniques comme TS Mixup (combinaisons convexes de séries) et Kernel Synth (combinaison de motifs comme des fonctions en escalier). Gabriele a noté que les données synthétiques améliorent les performances en domaine et hors domaine, comme montré dans les études d'ablation de Chronos. Cependant, Luca a averti que les modèles peinent avec les tendances exponentielles et les prévisions à long terme en raison de longueurs de contexte limitées, soulignant le besoin de datasets plus robustes pour égaler le succès de l'IA générative.

Évaluation et Adoption des Modèles Fondamentaux

Luca et Gabriele ont insisté sur l'absence de benchmarks standardisés, contrairement au GSM8K en NLP, ce qui entraîne des risques de contamination des données dans les évaluations. Chronos et TimesFM (de Google) utilisent des ensembles publics comme Monash, mais certains articles testent sur des données d'entraînement, gonflant les revendications de performance. Ils ont conseillé aux praticiens de tester les modèles sur des ensembles privés et de comparer avec des baselines comme les moyennes glissantes. L'architecture par patchs de TimesFM, entraînée sur 100 milliards de points de Google Trends et Wikipédia, excelle sur des horizons plus longs (sorties de 128 points) mais nécessite un réglage précis des paramètres. Les orateurs n'ont pas déployé ces modèles chez Extreme, citant des performances inconstantes en conditions réelles, mais voient un potentiel pour le réglage fin ou la prédiction conforme pour améliorer la fiabilité. La communauté de PyData, soutenue par NumFOCUS, encourage ces explorations, prônant une adoption prudente de ces outils en évolution.

Liens

- Replay sur YouTube: https://www.youtube.com/watch?v=lpQg9yxeVSg
- Site web d'Extreme: https://www.extreme.cloud/

`sktime` : Boîte à Outils Python pour Séries Temporelles - IA de Nouvelle Génération - Benedikt Heidrich & Franz Kiraly

Benedikt Heidrich et **Franz Kiraly**, contributeurs principaux de sktime, ont livré une conférence intitulée « sktime : Boîte à Outils Python pour Séries Temporelles - IA de Nouvelle Génération » . Cette session a présenté sktime, une bibliothèque compatible scikit-learn pour l'analyse de séries temporelles, et ses avancées dans l'intégration de l'apprentissage profond et des modèles fondamentaux. Organisée par PyData, une initiative de NumFOCUS, la conférence s'adressait aux data scientists et développeurs. Benedikt et Franz ont mis en avant l'API unifiée de sktime, son architecture composable et son support pour des modèles comme Moirai et TimesFM, abordant des défis comme les interfaces incohérentes et les conflits de dépendances. Ils ont invité à des contributions communautaires pour enrichir l'écosystème de sktime. Cet article explore les capacités de sktime, son intégration de l'IA de nouvelle génération et son modèle de gouvernance ouverte.

Le Cadre Unifié de sktime pour les Séries Temporelles

Benedikt a présenté sktime comme une boîte à outils composable, compatible avec scikit-learn, supportant des tâches comme la prévision, la classification et le clustering. Son API cohérente permet de permuter facilement des algorithmes—par exemple, ARIMA ou Moirai—en utilisant des tags pour spécifier des capacités comme la prévision probabiliste ou la gestion de données exogènes. La conception modulaire de sktime permet un mini-packaging, installant uniquement les composants nécessaires (par exemple, les modèles d'apprentissage profond), et supporte des pipelines composables. Par exemple, un transformateur de détrend combiné à un prévisionneur crée un pipeline de prévision, maintenant la cohérence de l'API. Franz a souligné l'éthos open-source de sktime, avec une licence permissive, une documentation complète et un modèle communautaire incluant mentorat et rencontres hebdomadaires. Cette flexibilité fait de sktime une plateforme robuste pour les méthodes classiques et de pointe en séries temporelles.

Intégration des Modèles Fondamentaux et de l'Apprentissage Profond

La conférence s'est concentrée sur les efforts de sktime pour intégrer des modèles fondamentaux comme Moirai, Tiny Time Mixer et TimesFM, abordant des défis comme les API non unifiées et les dépendances fixes. Benedikt a démontré l'utilisation de Moirai pour prévoir la demande d'électricité australienne, téléchargeant les poids depuis Hugging Face et appliquant l'API fit-predict de sktime. Les pipelines composables de sktime améliorent ces modèles—par exemple, en combinant une différenciation avec Moirai ou en l'enveloppant dans un prévisionneur par bagging pour des intervalles probabilistes. Franz a noté les travaux en cours pour supporter la gestion des poids, le réglage fin et les flux de pré-entraînement, assurant la compatibilité avec divers backends. Bien que des modèles comme TimesFM soient limités à Linux, l'interface unifiée de sktime simplifie l'expérimentation, en faisant le seul cadre à intégrer des modèles de l'écosystème de manière transparente.

Croissance de la Communauté et de l'Écosystème

Franz a décrit la vision de sktime comme un marché neutre pour les modèles de séries temporelles, permettant aux utilisateurs de comparer les modèles fondamentaux aux modèles classiques sans enfermement propriétaire. La recherche d'estimateurs et le système basé sur les tags permettent aux développeurs de téléverser facilement des modèles, favorisant un écosystème ouvert. Les intégrations récentes incluent PyTorch Forecasting et des packages tiers comme ProphetVerse pour les données hiérarchiques. La gouvernance de sktime, avec des rôles basés sur le mérite et des processus transparents, soutient des initiatives comme le Centre Allemand pour l'IA Open Source, une organisation à but non lucratif promouvant une gouvernance ouverte. Benedikt et Franz ont invité à des contributions, du développement d'algorithmes à la conception d'API, soulignant le rôle de sktime dans la mission de PyData d'avancer l'analyse des séries temporelles par la collaboration communautaire.

Liens

- Replay sur YouTube: https://www.youtube.com/watch?v=gS3Sn-j_ooo
- Site web de sktime: https://www.sktime.net/
- Explorez sktime sur GitHub: https://github.com/sktime/sktime

Compte à Rebours pour la CRA : Mises à Jour et Attentes

Cheuk Ting Ho, figure éminente de la Python Software Foundation (PSF), a présenté une conférence intitulée « Compte à rebours pour la CRA : mises à jour et attentes » . Cette session a exploré la Cyber Resilience Act (CRA) de l'Union européenne, une législation proposée qui redéfinira les responsabilités en matière de cybersécurité pour les logiciels, y compris les projets open-source comme Python. Organisée par PyData, une initiative de NumFOCUS, la conférence s'adressait aux développeurs, mainteneurs et entreprises de l'écosystème Python. Cheuk a détaillé le calendrier de la CRA, ses implications pour les communautés open-source et les mesures proactives de la PSF pour assurer la conformité de CPython et PyPI. Elle a souligné l'importance de la collaboration communautaire pour naviguer dans cette nouvelle ère de sécurité accrue et de responsabilité. Cet article examine le cadre de la CRA, la réponse de la PSF et les étapes concrètes pour les utilisateurs de Python.

Comprendre la Cyber Resilience Act

Cheuk a commencé par expliquer l'objectif de la CRA : garantir que les logiciels vendus dans l'UE sont sécurisés, protégeant les consommateurs contre les vulnérabilités pouvant entraîner des violations de données ou des pertes financières. Proposée à l'automne 2022, la CRA a été révisée avec les contributions des communautés open-source, dont la PSF. Le Parlement européen a adopté une version quasi finale début 2024, avec une adoption formelle par le Conseil prévue d'ici trois à cinq ans. Contrairement aux produits physiques portant le marquage CE pour la sécurité, la CRA cible les logiciels, tenant les entreprises responsables des problèmes de sécurité dans les produits commerciaux. Cheuk a souligné une distinction clé : les stewards open-source, comme la PSF, ont des obligations allégées par rapport aux entités à but lucratif vendant des logiciels, grâce à un plaidoyer clarifiant la nature non commerciale du développement open-source.

Le Rôle de la PSF en Tant que Steward Open-Source

La CRA introduit le concept de « steward open-source », une entité légale fournissant du code gratuitement, exemptée des pleines responsabilités des vendeurs de logiciels commerciaux. La PSF, en tant que nonprofit et détentrice de la marque Python, entre dans cette catégorie, soutenant le développement de CPython et PyPI. Cheuk a détaillé les efforts de conformité de la PSF, incluant une politique publique de cybersécurité et une réactivité aux rapports de vulnérabilités. Depuis septembre 2023, CPython est une autorité de numérotation CVE (CNA), permettant un traitement rapide des problèmes de sécurité. La PSF emploie des experts en sécurité, Seth Larson et Mike Fiedler, financés par des organisations comme Ava Omega, pour gérer les vulnérabilités et les problèmes de spam et d'acteurs malveillants sur PyPI. Ces mesures garantissent que Python reste conforme et fiable à l'approche de la CRA.

Préparer la Communauté Python

Cheuk a insisté sur la collaboration au sein de l'écosystème Python et au-delà, la PSF travaillant avec des fondations comme Apache, Rust et Eclipse via des groupes comme Open Forum Europe et l'Open Policy Alliance. Pour les entreprises utilisant Python dans des produits commerciaux, la CRA impose des obligations plus strictes, nécessitant des pratiques de sécurité robustes. Les développeurs et mainteneurs individuels peuvent contribuer en favorisant une culture de sensibilisation à la sécurité, en utilisant des outils pour signaler les vulnérabilités et en restant informés via la liste de diffusion de sécurité de la PSF ou des bases de données comme le format de vulnérabilité open-source. Cheuk a encouragé le soutien à la PSF par des parrainages, notant que le travail de sécurité est coûteux. En s'alignant sur l'éthos communautaire de PyData, la PSF vise à guider les utilisateurs de Python à travers les défis de la CRA, assurant un écosystème sécurisé et dynamique.

Liens

- Replay sur YouTube: https://www.youtube.com/watch?v=KkUo8bD-0cE
- Site web de la Python Software Foundation: https://www.python.org/psf/
- Cheuk Ting Ho sur LinkedIn: https://www.linkedin.com/in/cheuktingho/

Visualisation du Ciel dans les Notebooks : l'Extension de Widget ipyaladin

Matthieu Baumann et **Manon Marchand**, ingénieurs logiciels au Centre de Données astronomiques de Strasbourg (CDS), ont présenté une conférence intitulée « Visualisation du ciel dans les notebooks : l'extension de widget ipyaladin » . Cette session a présenté ipyaladin, un widget Jupyter qui apporte une visualisation interactive du ciel dans les notebooks Python, s'appuyant sur la bibliothèque JavaScript Aladin Lite. Organisée par PyData, une initiative de NumFOCUS, la conférence s'adressait aux astronomes et data scientists. Matthieu et Manon ont démontré la capacité d'ipyaladin à visualiser des données astronomiques, des images de galaxies aux catalogues tabulaires, et ont discuté de son développement avec le framework anywidget. Cet article explore les fonctionnalités d'ipyaladin, ses applications scientifiques et les avantages d'anywidget.

ipyaladin : Amener le Ciel dans Jupyter

Matthieu a présenté ipyaladin comme une extension d'Aladin Lite, un outil JavaScript pour la visualisation interactive du ciel, développé au CDS depuis les années 1990. Aladin Lite, réécrit en Rust avec WebGPU pour la performance, utilise la tessellation HEALPix pour charger efficacement les images du ciel, ne récupérant que les tuiles pertinentes pour la fenêtre d'affichage. ipyaladin intègre cela dans Jupyter, offrant une API Python pour interroger les coordonnées, définir les champs de vision et superposer des données comme les catalogues de galaxies. Manon a démontré l'interrogation du cluster de Persée, récupérant les coordonnées via la base de données SIMBAD du CDS et visualisant les galaxies avec l'intégration d'astropy. L'interactivité du widget—zoom, panoramique et superposition de relevés multi-longueurs d'onde—le rend idéal pour l'astronomie exploratoire, utilisé dans des projets comme ESCAPE et le Square Kilometre Array (SKA).

Cas d'Utilisation Scientifiques et Intégration de Données

La démonstration en direct de Manon a mis en évidence la polyvalence d'ipyaladin. Elle a superposé des images du télescope Euclid (infrarouge) et des données radio ASKAP sur le cluster de Persée, révélant de nouvelles galaxies absentes des catalogues existants. ipyaladin permet d'ajouter des fichiers FITS locaux, facilitant l'analyse de données non publiées, et offre des sélections pour la segmentation d'images, utile pour le machine learning. Le widget échange des données complexes—chaînes vers coordonnées astropy, tables vers visualisations—entre JavaScript et Python, rationalisant les flux de travail scientifiques. Matthieu a noté son utilisation dans la communication scientifique par l'équipe du télescope James Webb, avec 30 000 démarrages quotidiens. La capacité d'ipyaladin à interroger les bases de données du CDS et à gérer divers formats de données permet aux chercheurs de découvrir de nouvelles sciences, comme identifier des galaxies inconnues.

Développement avec anywidget

Matthieu et Manon ont loué anywidget, un framework simplifiant la maintenance des widgets sur des plateformes comme JupyterLab et Marimo, par rapport à l'encombrant ipywidgets. anywidget a permis un développement rapide de fonctionnalités, rapprochant ipyaladin de la version 1.0.0. Ils ont abordé les défis liés à la gestion des types de données spécifiques à l'astronomie, nécessitant des parseurs personnalisés pour la conversion JavaScript-Python. La nature open-source d'ipyaladin, hébergée sur GitHub, invite les contributions, s'alignant sur l'esprit collaboratif de PyData. En s'appuyant sur le package npm d'Aladin Lite et la flexibilité d'anywidget, ipyaladin offre un outil robuste pour les astronomes, améliorant la visualisation et l'analyse des données dans les flux de travail centrés sur Python.

Liens

- Replay sur YouTube: https://www.youtube.com/watch?v=L8TUCZlku00

- Site web du CDS Strasbourg: https://cds.unistra.fr/
- Explorez ipyaladin sur GitHub: https://github.com/cds-astro/ipyaladin

`Onyxia` : Une Interface Centrée sur l'Utilisateur pour les Data Scientists à l'Ère du Cloud

Joseph Comte, développeur principal chez Insee, accompagné de **Lino** et **Quentin Goëll**, a présenté une conférence intitulée « Onyxia : Une Interface Centrée sur l'Utilisateur pour les Data Scientists à l'Ère du Cloud » . Cette session a introduit Onyxia, un logiciel open-source conçu pour créer des plateformes de data science conviviales dans le cloud. Organisée par PyData, une initiative de NumFOCUS, la conférence s'adressait aux data scientists, éducateurs et organisations recherchant des environnements collaboratifs et évolutifs. Joseph a décrit l'architecture d'Onyxia, exploitant Kubernetes, Helm et le stockage S3 pour résoudre les problèmes de duplication de données et de reproductibilité. Lino a partagé son impact sur l'éducation, permettant aux étudiants d'expérimenter librement, tandis que Quentin a discuté de son adoption en océanographie pour le Jumeau Numérique de l'Océan. Cet article explore les fondations techniques d'Onyxia, ses applications éducatives et son rôle dans l'innovation scientifique.

Architecture Technique d'Onyxia

Joseph a débuté en abordant les limites des flux de travail traditionnels en data science, où le calcul local entraîne la duplication de données, des configurations incohérentes et une puissance de traitement limitée. Onyxia, développé par Insee, est une application web déployée sur des clusters Kubernetes, offrant à chaque utilisateur un espace de noms dédié, un bucket S3 et un répertoire Vault pour les secrets. Contrairement à JupyterHub, performant pour les notebooks Jupyter, Onyxia prend en charge un écosystème plus large, incluant PostgreSQL, MLflow et des services personnalisés via des charts Helm. Son interface utilisateur simplifie les opérations complexes dans le cloud—lancer un environnement Spark ou récupérer des fichiers S3 se fait en un clic, éliminant les barrières des lignes de commande. Cette abstraction permet aux utilisateurs non techniques de tirer parti de la conteneurisation et du stockage d'objets sans maîtriser les complexités de Kubernetes.

Joseph a souligné l'adaptabilité d'Onyxia : les organisations peuvent intégrer des services spécifiques à leur domaine, garantissant l'évolution de la plateforme avec le paysage de la data science. Plus de 50 instances mondiales d'Onyxia témoignent de sa scalabilité et de sa robustesse.

Transformer l'Éducation avec SSP Cloud

Lino, data scientist et enseignant à l'Institut National de Technologie français, a expliqué comment Onyxia alimente SSP Cloud, un laboratoire de données pour l'enseignement. Les environnements académiques traditionnels, basés sur des installations locales, frustrent les étudiants avec des erreurs de configuration—installer Python ou Anaconda décourage souvent les débutants. SSP Cloud, construit sur Onyxia, propose des environnements web standardisés avec des notebooks Jupyter et VS Code préconfigurés. Les étudiants accèdent à des ressources GPU pour le machine learning sans frais, contrairement à Google Colab, qui facture les fonctionnalités premium. Lino a insisté sur l'intégration d'Onyxia avec le stockage S3 et Git, enseignant aux étudiants des pratiques conformes aux normes industrielles, loin des limites de Google Drive. Une démonstration en direct a montré le lancement d'un notebook depuis le site de cours de Lino, offrant instantanément un terminal et des bibliothèques comme NumPy. Cette expérience fluide favorise l'expérimentation, permettant aux étudiants de se concentrer sur le codage plutôt que sur la configuration. Les outils open-source de SSP Cloud, comme MLflow, préparent les étudiants aux flux de travail professionnels, s'alignant sur la mission d'éducation accessible de PyData.

Avancer l'Océanographie avec le Jumeau Numérique

Quentin, de Mercator Ocean International, a discuté du rôle d'Onyxia dans le Jumeau Numérique de l'Océan, une plateforme interactive pour simuler des scénarios océaniques, comme prédire les changements de température sous différents niveaux de CO_2. Gérant des téraoctets de données, la plateforme nécessite des calculs près de la source de données, ce qu'Onyxia facilite via son laboratoire de données. Personnalisé avec des bibliothèques océanographiques comme Xarray pour les formats NetCDF, Onyxia s'intègre à un visualiseur pour l'exploration des données et à Jupyter pour l'analyse. L'équipe de Quentin a scripté des URL pour lancer des notebooks avec des ensembles de données préchargés, rationalisant les flux de travail. La personnalisation basée sur Helm a permis aux utilisateurs d'ajouter des services sans maîtriser Kubernetes, une amélioration significative par rapport aux configurations complexes d'AWS ou Azure. Les retours de la communauté ont loué l'interface intuitive d'Onyxia et la réactivité de l'équipe lors des défis de déploiement, comme l'optimisation des GPU. En permettant aux scientifiques d'exposer des processus sous forme d'API web, Onyxia soutient la prise de décision politique avec des outils scientifiquement valides, faisant progresser la recherche océanographique.

Liens

- Replay sur YouTube: https://www.youtube.com/watch?v=UFbOBz-Aw1l
- Site web d'Insee: https://www.insee.fr/
- Explorez Onyxia sur GitHub: https://github.com/InseeFr/Onyxia
- Site web de Mercator Ocean International: https://www.mercator-ocean.eu/

Vers une Compréhension Approfondie des Bases de Données Vectorielles et de la Récupération

Noé Achache, responsable ingénierie chez Theodo, a présenté une conférence intitulée « Vers une Compréhension Approfondie des Bases de Données Vectorielles et de la Récupération » . Cette session a exploré les mécanismes et défis des bases de données vectorielles, essentielles pour les tâches de récupération dans des applications comme la Génération Augmentée par Récupération (RAG) et la déduplication d'images. Organisée par PyData, une initiative de NumFOCUS, la conférence s'adressait aux data scientists et ingénieurs familiers des grands modèles de langage (LLMs). Noé a détaillé deux projets : la déduplication d'images immobilières avec DinoV2 et la construction d'un système RAG pour un groupe hôtelier avec Ada-2. Il a démystifié les algorithmes d'indexation comme HNSW, le filtrage par métadonnées et les limites des modèles, offrant des conseils pratiques pour optimiser la recherche vectorielle. Cet article examine les fondamentaux des bases de données vectorielles, les défis des projets réels et les stratégies pour améliorer les performances de récupération.

Fondamentaux des Bases de Données Vectorielles

Noé a commencé par un aperçu des bases de données vectorielles, qui stockent des embeddings—vecteurs de taille fixe représentant du texte ou des images—pour des recherches de similarité efficaces. Depuis la sortie de ChatGPT en 2022, leur popularité a explosé, soutenant des applications comme RAG et les systèmes de recommandation visuelle. Les bases de données vectorielles, contrairement aux recherches basées sur fichiers, offrent une séparation de l'infrastructure, une synchronisation des utilisateurs et des fonctionnalités avancées comme le filtrage par métadonnées et l'indexation. Noé a expliqué deux algorithmes d'indexation principaux : l'Index de Fichiers Inversés (IVF) regroupe les embeddings et compare les requêtes aux centroïdes, tandis que le

Monde Navigable Hiérarchique à Petite Échelle (HNSW) navigue dans un graphe pour trouver des vecteurs similaires. HNSW, préféré pour sa vitesse et sa précision, consomme plus de RAM mais domine les bases modernes comme Qdrant. Noé a comparé les bases vectorielles dédiées (e.g., Qdrant, Pinecone) aux bases généralistes (e.g., PostgreSQL, Elasticsearch), notant la scalabilité des premières pour des millions de vecteurs et leurs fonctionnalités spécialisées, en phase avec l'accent de PyData sur les outils de pointe.

Applications Réelles et Défis

Noé a illustré les bases de données vectorielles à travers deux projets. Le premier concernait la déduplication de 15 millions d'images immobilières pour un agrégateur. Utilisant DinoV2, un transformateur de vision entraîné avec apprentissage auto-supervisé, le système a encodé les images pour identifier les doublons malgré de légères variations de prix ou d'adresse. Le filtrage par métadonnées (e.g., prix, localisation) a affiné les recherches, mais le pré-filtrage avec HNSW a causé des baisses de performance lors de l'exclusion de plus de 90 % des nœuds. L'indexation des métadonnées de Qdrant, reliant les métadonnées similaires, a atténué ce problème, maintenant la densité du graphe. Cependant, DinoV2 a rencontré des faux positifs, comme des salles de bain similaires, nécessitant des règles ad hoc. Le second projet, un système RAG pour un groupe hôtelier, utilisait Ada-2 pour récupérer des documents de sources variées. La similarité sémantique ne garantissait pas toujours la pertinence, et des biais linguistiques favorisaient les langues des requêtes. Noé a amélioré les performances de 78 % à 89 % en pré-filtrant les sources avec un LLM, soulignant l'importance de l'indexation des métadonnées même pour de petits ensembles de données.

Optimisation des Performances de Récupération

Pour surmonter les limites, Noé a partagé des stratégies pour améliorer la recherche vectorielle. Pour le projet d'images, ajuster DinoV2 sur des exemples difficiles pourrait réduire les faux positifs, bien que le temps ait manqué. Dans le système RAG, des techniques comme le découpage, le reclassement et le pré-filtrage basé sur LLM ont amélioré la précision. Noé a souligné le rôle de l'indexation des métadonnées pour maintenir les performances lors du filtrage, une fonctionnalité souvent négligée. Il a également discuté de la quantification, qui réduit la taille des embeddings pour des recherches plus rapides et moins coûteuses sans perte significative de précision. Pour les métadonnées complexes, les aplatir avec un LLM est coûteux mais réalisable. Noé a conseillé de choisir des bases selon le cas d'utilisation—Qdrant pour son expérience développeur et son hébergement gratuit pour les petits ensembles, ou des bases généralistes pour des besoins simples. Ses idées, ancrées dans l'éthos communautaire de PyData, permettent aux praticiens de naviguer efficacement dans le paysage évolutif des bases de données vectorielles.

Liens

- Replay sur YouTube: https://www.youtube.com/watch?v=FCAbLAFzNDE
- Site web de Theodo: https://www.theodo.fr/
- Noé Achache sur LinkedIn: https://www.linkedin.com/in/no%C3%A9-achache-74743280/

`Chainsai` : Faciliter l'Échantillonnage des Distributions de Probabilité Multimodales

Simeon Carstens, data scientist chez Thoughtworks, a présenté une conférence intitulée « Chainsai : Faciliter l'Échantillonnage des Distributions de Probabilité Multimodales » . Cette session a introduit Chainsai, un service web open-source développé en Python pour améliorer l'échantillonnage par chaînes de Markov Monte Carlo (MCMC) des distributions de probabilité multimodales. Organisée par PyData, une initiative de NumFOCUS, la conférence s'adressait aux data scientists et statisticiens familiers avec la programmation probabiliste. Simeon a expliqué comment les distributions multimodales, fréquentes en inférence bayésienne et en repliement de protéines, posent des défis aux méthodes MCMC standards. Chainsai implémente Replica Exchange, un algorithme avancé qui améliore l'échantillonnage en exécutant des chaînes parallèles à différentes « températures ». Cet article explore l'approche technique de Chainsai, ses applications dans le clustering et les opportunités de développement futur.

Défis des Distributions Multimodales

Simeon a commencé par comparer les distributions de probabilité unimodales et multimodales. Les distributions unimodales, comme les Gaussiennes ou bêta, ont un seul pic, rendant leur échantillonnage simple avec des méthodes MCMC comme Metropolis-Hastings. Les distributions multimodales, avec plusieurs pics, apparaissent dans des cas comme l'inférence bayésienne, où des données ambiguës (par exemple, des expériences sur les structures de protéines) produisent plusieurs ensembles de paramètres plausibles, ou dans le repliement de protéines, où les états natif et mal replié créent des modes distincts. Les MCMC standards peinent ici, car les chaînes restent souvent piégées dans un mode, négligeant les autres. Simeon a illustré cela avec un mélange Gaussien bimodal : une chaîne démarrant dans un mode saute rarement vers l'autre, entraînant un échantillonnage incomplet. Cela peut avoir de graves conséquences, comme manquer des modes critiques dans les diagnostics médicaux (par exemple, probabilité de cancer). Chainsai résout cela avec Replica Exchange, qui échantillonne la distribution cible et des versions progressivement aplaties, permettant aux chaînes d'explorer tous les modes efficacement.

Implémentation de Replica Exchange dans Chainsai

Chainsai utilise Replica Exchange, également appelé tempérage parallèle, pour surmonter les défis de l'échantillonnage multimodal. Contrairement au MCMC à chaîne unique, Replica Exchange exécute plusieurs chaînes en parallèle, chacune à une « température » différente qui aplatit la distribution à divers degrés. Les températures élevées produisent des distributions presque uniformes, plus faciles à échantillonner. Périodiquement, les chaînes échangent leurs états, facilitant l'exploration des modes. Simeon a décrit l'architecture de Chainsai : un cluster de jobs avec un nœud contrôleur gère plusieurs nœuds « Rex », chacun représentant une chaîne de Markov. Le contrôleur orchestre les échanges d'états et ajuste automatiquement le calendrier des températures à l'aide d'un algorithme basé sur la densité d'états, réduisant l'effort des utilisateurs. Développé en Python, Chainsai s'interface avec des bibliothèques comme PyMC et Stan, permettant aux utilisateurs de soumettre des modèles sous forme de modules Python. Il supporte l'exécution locale ou le déploiement cloud via Kubernetes et Minikube, avec une interface web Flask simplifiant la configuration des paramètres. Open MPI facilite la communication entre nœuds, tandis que Terraform et Helm gèrent l'infrastructure, s'alignant sur l'objectif de PyData de fournir des outils accessibles et évolutifs.

Applications Pratiques et Perspectives Futures

Simeon a démontré l'efficacité de Chainsai avec un modèle de mélange Gaussien pour le clustering K-means. En inférence bayésienne, le clustering de données en trois groupes produit une distribution postérieure bimodale pour les moyennes des clusters, les modes reflétant différentes affectations de moyennes. Les MCMC standards restent souvent coincés dans un mode moins probable, générant des responsabilités erronées (par exemple, affecter un point proche d'un cluster à un autre). Replica Exchange de Chainsai permet aux chaînes de sauter entre les modes, capturant correctement les responsabilités élevées pour le mode dominant tout en reconnaissant la probabilité du mode mineur. Cette caractérisation honnête est cruciale pour des applications comme les diagnostics médicaux, où manquer un mode pourrait fausser les décisions. Cependant, Simeon a noté des défis : l'architecture complexe de Chainsai nécessite des ressources computationnelles importantes, et son code, faute d'utilisation communautaire active, souffre de problèmes de maintenance comme la dégradation des dépendances. Les améliorations futures incluent l'intégration de samplers avancés comme le No-U-Turn Sampler (NUTS) et le support des champs aléatoires. Simeon a invité des cas d'utilisation pour stimuler le développement, soulignant le potentiel de Chainsai à démocratiser l'échantillonnage multimodal pour la communauté PyData.

Liens

- Replay sur YouTube: https://www.youtube.com/watch?v=PzyM72tVBt8
- Site web de Thoughtworks: https://www.thoughtworks.com/
- Explorez Chainsai sur GitHub: https://github.com/chainsail

MLOps chez Renault : Un Pipeline Générique pour un Déploiement Évolutif

Alex Carton et **Alex Tiran-Cappello**, ingénieurs en machine learning chez Renault Group, ont livré une conférence intitulée « MLOps chez Renault : Un Pipeline Générique pour un Déploiement Évolutif » . Cette session a détaillé le pipeline MLOps de Renault, construit sur Python, Kubeflow et Vertex AI de Google Cloud Platform, pour déployer le machine learning à grande échelle dans l'organisation. Organisée par PyData, une initiative de NumFOCUS, la conférence s'adressait aux data scientists et praticiens MLOps. Alex et Alex ont partagé leur parcours, d'un projet de chaîne d'approvisionnement au programme AI@Scale à l'échelle de l'entreprise, abordant des défis comme la diversité des cas d'utilisation, la conformité légale et les écarts de compétences des data scientists. Le pipeline automatise le prétraitement, l'entraînement et le déploiement, avec des fonctionnalités comme la surveillance des dérives. Cet article explore l'évolution du pipeline, son architecture technique et les leçons tirées des complexités organisationnelles surmontées.

Du Projet de Chaîne d'Approvisionnement au Déploiement à l'Échelle de l'Entreprise

Alex Carton a débuté avec le contexte de Renault : un constructeur automobile mondial avec des données abondantes dans les ventes, la fabrication et le support, employant environ 100 data scientists en France. En 2022, le programme AI@Scale a lancé un projet de chaîne d'approvisionnement pour prédire les délais de livraison des voitures aux concessionnaires, remplaçant des moyennes simplistes par des modèles de régression. Initialement, la gestion manuelle de Kubernetes entravait l'évolutivité, incitant un passage à Vertex AI. Le pipeline a automatisé la récupération des données, le prétraitement, l'entraînement, l'évaluation et le déploiement pour 12 modèles, chacun adapté à une étape du transport. Un modèle Kubeflow a standardisé les flux de travail, avec des pipelines CI/CD construisant des images Docker pour Google Cloud. Le succès de ce projet a inspiré un service MLOps à l'échelle de l'entreprise via le Data Lake de Renault, un hub central gérant 750 téraoctets de données. Cependant, l'extension à divers domaines a révélé des problèmes : configurations complexes, dépendances partagées et étapes CI/CD manuelles frustraient les utilisateurs, reflétant la loi de Conway, où la conception du système reflétait les silos organisationnels.

Construction d'un Pipeline MLOps Robuste

Alex Tiran-Cappello a détaillé l'évolution technique du pipeline. Initialement, un seul dépôt GitLab hébergeait plusieurs modèles, causant des conflits de dépendances et des problèmes de fusion. L'équipe a restructuré pour un modèle par dépôt, simplifiant le CI/CD et permettant des tests automatisés. Utilisant le SDK Python de Kubeflow (kfp), le pipeline planifie les tâches de récupération des données (via SQL), de prétraitement, d'entraînement et d'évaluation, avec des options pour des prédictions par lots ou en ligne. Les services gérés de Vertex AI gèrent l'infrastructure, la gestion des versions des modèles et la surveillance des dérives, envoyant des alertes pour les écarts de données. Le Data Lake, basé sur BigQuery et Google Cloud Storage, garantit la gouvernance et l'accessibilité. Pour réduire la complexité, l'équipe a précalculé des images Docker, éliminé les dépendances en amont et introduit des tests de bout en bout. Une équipe MLOps unifiée, soutenue par AI@Scale, a rationalisé le développement, supprimant les clics manuels dans le CI/CD. Les data scientists travaillent désormais dans des dépôts préconfigurés avec des tests intégrés, se concentrant sur des modules Python pour le prétraitement et l'entraînement, en phase avec l'accent de PyData sur des outils conviviaux.

Leçons Tirées et Plans Futurs

Ce parcours a enseigné des leçons cruciales. Regrouper les modèles dans un seul dépôt était une erreur, compliquant les tests et le déploiement. Les défis de test de Kubeflow ont été atténués par des tests automatisés de bout en bout, et la simplification du CI/CD a amélioré l'expérience utilisateur. Réorganiser l'équipe pour contrôler l'ensemble de la pile technologique s'est avéré plus efficace que de modifier un système défectueux, et la duplication de code a réduit les risques de dépendances. Actuellement, 16 projets utilisent le pipeline, dont cinq en production, soutenant divers cas d'utilisation comme le contrôle qualité et les prévisions de ventes. Les data scientists apprécient l'autonomie et les flux de travail simplifiés, bien que la migration vers de nouveaux modèles ait nécessité un accompagnement. Alex et Alex prévoient de packager le code Kubeflow comme une bibliothèque Python interne et d'ajouter le support GPU et de nouveaux connecteurs de données. Bien qu'ils n'aient pas totalement échappé à la loi de Conway, le pipeline permet aux data scientists de Renault de déployer des solutions IA percutantes, renforçant la mission de PyData d'avancer les pratiques en data science.

Liens

- Replay sur YouTube: https://www.youtube.com/watch?v=CBK6E-NPdWg
- Site web de Renault Group: https://www.renaultgroup.com/

Nouvelle API de Surveillance et de Débogage de Python 3.12

Limites du Débogage Traditionnel

Johannes a débuté par une anecdote historique sur le premier « bug » — un papillon de nuit court-circuitant un ordinateur des années 1940 — avant d'aborder les défis du débogage en Python. Il a présenté un programme défectueux de comptage de lignes (counter.py) qui retourne incorrectement zéro lignes, malgré une sortie affichée. Le débogage traditionnel en Python repose sur sys.settrace, qui intercepte des événements comme les appels de fonctions et les exécutions de lignes. Cependant, cette méthode présente des inconvénients majeurs. Johannes a expliqué que sys.settrace nécessite un gestionnaire de trace pour chaque ligne et fonction, même sans points d'arrêt, entraînant des pénalités de performance significatives. Dans des interpréteurs alternatifs comme PyPy, sys.settrace désactive le compilateur Just-In-Time (JIT), ralentissant davantage l'exécution. De plus, sys.settrace gère mal l'ajout dynamique de points d'arrêt, les gestionnaires pouvant ne pas s'activer pour les fonctions déjà traitées. Johannes a démontré un débogueur simple utilisant sys.getframe pour accéder aux numéros de ligne et noms de fichiers, mais a noté sa dépendance à des détails spécifiques à l'interpréteur, soulignant le besoin d'une solution standardisée et efficace.

Innovations de l'API de Surveillance PEP 669

Le cœur de la conférence de Johannes était le PEP 669, rédigé par Mark Shannon et implémenté dans Python 3.12. Cette API de surveillance à faible impact résout les inefficacités de sys.settrace en modifiant directement le bytecode de Python. Johannes a décrit comment l'API permet aux développeurs d'enregistrer des outils (par exemple, débogueurs, profileurs) avec des rappels spécifiques pour des événements, tels que les exécutions de lignes ou les débuts de fonctions. Contrairement à sys.settrace, l'API offre un contrôle précis, activant les événements de ligne uniquement pour les fonctions avec des points d'arrêt. Cela est réalisé en enregistrant un

ID d'outil, en définissant des événements globaux (par exemple, débuts de fonctions) et des événements locaux (par exemple, exécutions de lignes) selon les besoins. Johannes a présenté une démonstration où un débogueur active les événements de ligne uniquement pour une fonction avec un point d'arrêt, réduisant les surcoûts. L'API prend également en charge le multithreading, émettant des événements par thread, en phase avec le verrou d'interpréteur global (GIL) optionnel de Python 3.12. Johannes a souligné que la modification du bytecode — remplaçant les instructions par des appels de gestionnaires — rend l'API rapide, bien que les changements d'événements globaux soient coûteux et doivent être effectués tôt.

Performance et Défis d'Adoption

Johannes a présenté des benchmarks de performance utilisant la suite PyPerformance, comparant sys.settrace à l'API de surveillance. Sans points d'arrêt, sys.settrace ralentit les programmes de 3 à 5 fois, tandis que l'API de surveillance n'entraîne qu'un surcoût de 20 % lors de la surveillance des débuts de fonctions. Même avec les événements de ligne activés pour toutes les lignes, l'API reste plus rapide que sys.settrace. Johannes a noté que la gestion sélective des événements par l'API est cruciale, évitant les gestionnaires de ligne inutiles. Cependant, l'adoption rencontre des obstacles. Le débogueur standard de Python, pdb, n'a pas encore intégré l'API en raison de problèmes de compatibilité ascendante, les mécanismes étant très différents. Johannes a cité une demande de tirage par Tian Gao, suggérant qu'une transition totalement compatible pour pdb pourrait être impossible. Néanmoins, les débogueurs modernes dans Visual Studio Code et PyCharm ont adopté l'API, offrant un débogage plus rapide. Johannes a encouragé les développeurs à explorer l'API pour des outils personnalisés, renvoyant à son blog chez SAP SE pour plus d'informations sur le débogage et le profilage.

Liens

- PEP 669: https://peps.python.org/pep-0669/

- Replay sur YouTube: https://www.youtube.com/watch?v=H90Sf5L_FHE
- Site web de SAP SE: https://www.sap.com/
- Johannes Bechberger sur Twitter: https://twitter.com/parttimenerd

Visualisation de Données à Haute Performance pour le Web

Tim Paine, développeur quantitatif chez Cubist Systematic Strategies et instructeur à l'Université Columbia, a présenté une conférence intitulée « Visualisation de Données à Haute Performance pour le Web » . Cette session a introduit Perspective, une bibliothèque open-source pour la visualisation de données sur le web à haute performance, idéale pour les ensembles de données volumineux et en streaming. Organisée par PyData, une initiative de NumFOCUS, la conférence s'adressait aux data scientists naviguant dans l'écosystème JavaScript complexe. Tim a abordé les principaux points douloureux de la visualisation — virtualisation, grilles interactives et données en streaming — et a démontré les capacités de Perspective à travers un codage en direct. Construite avec C++, Python, JavaScript et Rust, Perspective exploite WebAssembly pour des performances fluides entre client et serveur. Cet article explore les solutions de Perspective aux défis de la visualisation, son architecture technique et ses applications pratiques.

Points Douloureux de la Visualisation Web

Tim a commencé par décrire trois défis majeurs de la visualisation de données sur le web, malgré l'abondance de frameworks Python et JavaScript. Premièrement, la virtualisation — gérer des ensembles de données volumineux ou non bornés — est souvent limitée à la pagination, inadéquate pour les données en streaming. Tim a cité un serveur Airflow avec 728 exécutions de tâches, notant que le défilement infini ou le chargement dynamique de données est rarement pris en charge. Deuxièmement, les grilles de données interactives avec filtrage, tri, pivotement et agrégations sont difficiles à trouver sans licences commerciales. Bien que des bibliothèques comme Great Tables excellent, les options open-source manquent de flexibilité. Troisièmement, la visualisation de données en streaming reste maladroite, les frameworks s'appuyant sur des sondages ou des mises à jour statiques, incapables de gérer les mises à jour en temps réel ou le réordonnancement des données. Tim a illustré cela avec un exemple de WebSocket FastAPI, soulignant la complexité de la gestion des mises à jour en streaming. Ces problèmes, courants en finance et en data science, ont motivé le développement de Perspective pour offrir une solution unifiée à haute performance.

Architecture Technique de Perspective

Perspective, développé par l'équipe de Tim, est un moteur de données pivotantes en streaming écrit principalement en C++, avec des bindings Python et JavaScript via WebAssembly. Tim a expliqué que Perspective évite d'être une base de données traditionnelle ou une bibliothèque DataFrame, se concentrant plutôt sur l'analyse interactive. Son noyau C++ symétrique garantit des calculs cohérents entre client (navigateur) et serveur, compilé en WebAssembly pour le front-end et en code natif pour le back-end. Perspective utilise Apache Arrow pour un transfert de données efficace, permettant la virtualisation en envoyant des différences de lignes lorsque les utilisateurs défilent. La bibliothèque prend en charge les architectures client uniquement et client-serveur, gérant des ensembles de données jusqu'à quelques gigaoctets dans les navigateurs et plus grands en mémoire sur les serveurs. Les plugins de visualisation, écrits en Rust et TypeScript, incluent des grilles de données, des cartes thermiques, des cartes arborescentes et des graphiques à barres, avec des pivotements et agrégations configurables par l'utilisateur. Tim a démontré le plugin Jupyter de Perspective et son intégration WebSocket avec FastAPI, montrant comment il simplifie la gestion des données en streaming sans gestion personnalisée des offsets.

Applications Pratiques et Orientations Futures

Tim a mis en avant les capacités de Perspective avec une démonstration en direct, utilisant une bibliothèque de traitement de flux (CSP) pour générer des données de télémétrie fictives de machines (utilisation CPU, mémoire). Il a créé une interface web avec des grilles de données et des graphiques à barres, effectuant des pivotements et agrégations en temps réel, comme le comptage des machines par statut. En augmentant la fréquence de rafraîchissement de 1 seconde à 0,1 seconde, Tim a démontré les performances de Perspective, gérant des agrégations complexes comme des barres spark et des cartes arborescentes sans effort. La fonctionnalité de filtrage croisé de la bibliothèque permet aux utilisateurs d'explorer les données de manière interactive, réduisant l'effort des développeurs. Tim a noté la maturité de Perspective, utilisé en production dans des banques et des fonds spéculatifs, bien qu'il ne soit pas adapté aux big data sans stockage externe comme DuckDB. Les développements futurs incluent une API basée sur Rust pour unifier les interfaces Python et JavaScript, améliorant la configurabilité côté serveur. Tim a encouragé les participants de PyData à explorer Perspective pour la finance, la télémétrie ou tout domaine nécessitant une visualisation dynamique pilotée par l'utilisateur.

Liens

- Replay sur YouTube: https://www.youtube.com/watch?v=myHfMhglOEA
- Site web de Cubist Systematic Strategies: https://www.cubistsystematic.com/
- Explorez Perspective sur GitHub: https://github.com/finos/perspective

Explorer Quarto Dashboard pour une Communication Visuelle Impactante

Christophe Dervieux, ingénieur logiciel chez Posit, a présenté une conférence intitulée « Explorer Quarto Dashboard pour une Communication Visuelle Impactante » . Cette session a introduit Quarto Dashboard, une fonctionnalité du système de publication open-source Quarto, conçue pour créer des présentations de données interactives et visuellement engageantes à partir de Jupyter Notebooks. Organisée par PyData, une initiative de NumFOCUS, la conférence s'adressait aux data scientists et analystes cherchant à améliorer leur communication de données. Christophe a démontré comment Quarto Dashboard transforme les rapports statiques en visualisations dynamiques à l'aide de markdown et Python, avec des exemples pratiques comme un tableau de bord des Jeux Olympiques. Cet article explore les capacités des tableaux de bord Quarto, son flux de travail et ses options de stylisation, soulignant son rôle dans la communication scientifique.

Fonctionnalités Principales et Flux de Travail de Quarto

Christophe a commencé par présenter Quarto, un système de publication scientifique et technique open-source basé sur markdown, enrichi de fonctionnalités pour les récits computationnels. Contrairement au markdown standard, Quarto prend en charge le calcul multi-moteur, incluant Jupyter, Observable JS, Knitr et Julia, permettant de mélanger texte narratif et code exécutable. Christophe a souligné la polyvalence de Quarto, produisant des sorties comme des PDF, documents Word, pages HTML, sites web, livres et tableaux de bord. Le format tableau de bord, au cœur de sa présentation, privilégie l'efficacité visuelle, présentant métriques, graphiques et tableaux dans une mise en page accessible. Quarto fonctionne via une interface en ligne de commande (quarto render et quarto preview) ou des intégrations dans des outils comme VS Code, JupyterLab et l'IDE Positron de Posit. Christophe a expliqué le flux de travail : Quarto convertit les

Jupyter Notebooks ou fichiers .qmd en une représentation markdown, les traite via Pandoc pour le formatage, et exécute les cellules de code pour générer les sorties. Ce pipeline unifié garantit la cohérence entre les formats, rendant Quarto idéal pour une communication scientifique reproductible.

Construire des Tableaux de Bord avec Quarto

Le cœur de la présentation de Christophe était la capacité de Quarto Dashboard à transformer les Jupyter Notebooks en visualisations interactives. Il a utilisé un ensemble de données des Jeux Olympiques pour démontrer la création d'un tableau de bord avec des métriques comme les comptes de médailles, visualisées par des graphiques et des boîtes de valeur. Les tableaux de bord sont structurés autour de composants : barres de navigation, pages, barres latérales, lignes, colonnes, ensembles d'onglets et cartes. Les cartes, unité la plus petite, contiennent des sorties comme des graphiques ou tableaux, générées automatiquement à partir des cellules du notebook. Christophe a montré comment configurer les tableaux de bord à l'aide d'en-têtes YAML ou d'attributs markdown, comme définir format: dashboard pour activer le rendu du tableau de bord. Par exemple, un en-tête de niveau 1 crée une page, tandis qu'un en-tête de niveau 2 avec un attribut sidebar ajoute une barre latérale. Les mises en page par défaut sont en lignes mais peuvent passer en colonnes via la configuration. Christophe a mis en avant les boîtes de valeur pour afficher des métriques clés (par exemple, les comptes de médailles d'or), créées à l'aide de dictionnaires Python ou de divs markdown avec du code inline. Son tableau de bord olympique comportait des pages pour les Jeux d'été et d'hiver, avec des graphiques Plotly interactifs et des ensembles d'onglets pour des tableaux détaillés, tous configurés sans écrire de HTML ou JavaScript.

Stylisation et Interactivité

Christophe a insisté sur la flexibilité de stylisation de Quarto Dashboard, s'appuyant sur Bootstrap et plus de 20 thèmes intégrés, comme « sketchy » utilisé dans l'exemple olympique. Les utilisateurs peuvent personnaliser les thèmes via des fichiers SCSS, ajustant les couleurs, polices ou ajoutant des règles CSS personnalisées. Il a noté des travaux en cours pour simplifier la personnalisation de la marque sur différents formats (par exemple, HTML, PDF) à l'aide de configurations YAML, garantissant une stylisation cohérente. L'interactivité était un autre point clé, Quarto prenant en charge les bibliothèques JavaScript comme IPyLeaflet et Plotly, ou des frameworks Python comme Shiny pour des tableaux de bord dynamiques. Christophe a répondu aux questions du public, précisant que Quarto Dashboard diffère des outils comme Tableau, qui offrent une exploration interactive des données. Quarto nécessite une interactivité prédéfinie via Python ou JavaScript, le rendant idéal pour des tableaux de bord statiques ou légèrement interactifs plutôt que pour une exploration ad hoc. Il a également abordé les limites de taille des données, notant que les tableaux de bord statiques n'ont pas de contraintes inhérentes, mais les interactifs dépendent des capacités du navigateur ou des performances de WebAssembly. La facilité de déploiement de Quarto via quarto publish et sa paramétrisation pour des sorties spécifiques à l'audience renforcent son utilité.

Liens

- Replay sur YouTube: https://www.youtube.com/watch?v=7Bw-Dg_xAos
- Site web de Posit: https://posit.co/
- Slides de Christophe: https://cderv.github.io/pydata-paris-2024-quarto-dashboard/%23/title-slide

Solara : **Applications Web en Pur Python au-delà des Prototypes et Tableaux de Bord**

Isaki Rotko, ingénieur logiciel chez Widgetti, a présenté une conférence intitulée « Solara : Applications Web en Pur Python au-delà des Prototypes et Tableaux de Bord ». Cette session a introduit Solara, un framework Python pour construire des applications web complexes, inspiré des écosystèmes JavaScript comme React et Next.js. Organisée par PyData, une initiative de NumFOCUS, la conférence s'adressait aux développeurs recherchant des applications web évolutives prêtes pour la production sans JavaScript. Isaki a mis en avant l'utilisation par Solara de variables réactives, de composants composables et de la pile Jupyter, présentant une application de simulation de chauffage urbain par Plano Energy. Cet article explore l'architecture de Solara, son système de réactivité et ses avantages pour les applications à grande échelle.

Architecture et Composants de Solara

Isaki a commencé par aborder les limites des frameworks Python comme Voila et Streamlit, qui excellent dans les prototypes mais peinent avec les interfaces utilisateur complexes et les tâches intensives en calcul. Solara, construit sur la pile Jupyter, Starlette et FastAPI, vise à combler cet écart. Son architecture comprend trois parties : Solara Server, Solara UI et Pytest IPyWidgets. Solara Server permet aux IPyWidgets de fonctionner hors de Jupyter, rendant les fichiers Python directement dans les navigateurs avec une mémoire partagée pour l'efficacité. Isaki a cité Cosmic Data Stories, qui a réduit ses coûts de huit fois en passant à Solara depuis Voila. Solara UI fournit des variables réactives et des composants composables (par exemple, boutons, curseurs), inspirés de l'approche fonctionnelle de React, où l'interface utilisateur est une fonction pure de l'état. Pytest IPyWidgets prend en charge les tests unitaires, garantissant la fiabilité à mesure que les applications évoluent. Isaki a démontré un composant avec une entrée de texte réactive, mettant à jour automatiquement l'interface utilisateur lorsque les utilisateurs tapent, mettant en avant l'API déclarative de Solara et le rechargement à chaud pour un développement rapide.

Réactivité et Leçons tirées de JavaScript

Un point central était le système de réactivité de Solara, qu'Isaki a exploré à travers les défis rencontrés dans le développement de Solara 2.0. Il a décrit trois modèles de réactivité : push (mises à jour immédiates), pull (mises à jour sondées) et push-then-pull (mises à jour signalées). Solara utilisait initialement un système push, entraînant des états incohérents dans les propriétés calculées, comme dériver des initiales d'un objet nom. Changer « Alex Johnson » en « Sam Smith » pouvait produire des initiales intermédiaires incorrectes en raison des mises à jour séquentielles. S'inspirant de la proposition Signals de JavaScript, Solara 2.0 adopte un système push-then-pull, signalant les changements d'état comme « dirty » avant le rendu, garantissant des mises à jour sans glitch. Isaki a souligné l'importance d'apprendre de l'écosystème mature de JavaScript, en particulier la conception centrée sur les composants de React et la philosophie batteries-included de Next.js. Cette approche permet à Solara de gérer des interactions complexes, comme l'authentification des utilisateurs et la gestion de projets dans l'application Plano Energy, sans nécessiter d'expertise front-end.

Applications et Positionnement dans l'Écosystème

Isaki a mis en avant la polyvalence de Solara avec l'application Plano Energy, qui simule des réseaux de chauffage urbain avec des vues cartographiques, une authentification utilisateur et une gestion de projets. Contrairement à Streamlit, qui re-rend les pages entières, le rendu partiel de Solara améliore les performances pour les grandes applications. Il a répondu aux questions du public, notant que la migration des notebooks Voila vers Solara nécessite des changements minimes, comme définir une variable page. Comparé aux hybrides Django-React, Solara élimine le besoin d'équipes front-end et back-end séparées, simplifiant le développement. Bien que Streamlit convienne aux petites applications, Solara cible les applications robustes, avec des plans pour une exécution dans le navigateur via Pyodide et l'édition collaborative. Isaki a reconnu la vaste communauté de React mais a souligné l'écosystème croissant de Solara, incluant des intégrations avec Ant Design et IPyWidgets. Avec la sortie imminente de Solara 2.0, sa sécurité de type, sa testabilité et ses API explicites en font un outil puissant pour les développeurs Python construisant des applications web évolutives.

Liens

- Replay sur YouTube: https://www.youtube.com/watch?v=c0EaM17J78o
- Site web de Widgetti: https://widgetti.io/
- Explorez la documentation de Solara: https://solara.dev/

Unifier les Mondes : Pixi Réimplémente `pip` et `conda` en Rust

Nichita Morcotilo, ingénieur logiciel chez Prefix.dev, a livré une présentation captivante intitulée « Unifier les Mondes : Pixi Réimplémente `pip` et `conda` en Rust » . Cette session a présenté Pixi, un gestionnaire de paquets multiplateforme et indépendant du langage, implémenté en Rust, conçu pour unifier les écosystèmes conda et PyPI. Organisée par PyData, une initiative de NumFOCUS, la conférence s'adressait aux développeurs frustrés par l'enfer des dépendances. Nichita a mis en avant les fonctionnalités de Pixi, notamment les fichiers de verrouillage, un système de tâches et l'intégration avec uv pour les paquets PyPI, à travers des exemples comme l'exécution d'une interface robotique, d'un modèle Whisper LLM, et même de Doom dans un terminal. Cet article explore les capacités de Pixi, son approche de la gestion des dépendances et ses avantages en termes de performance, soulignant son rôle dans la simplification des environnements reproductibles.

Combattre l'Enfer des Dépendances avec Pixi

Nichita a débuté en abordant le problème omniprésent de « l'enfer des dépendances », où les développeurs rencontrent des défis comme des versions Python incompatibles, des tests échouant en raison de conflits de dépendances, ou des instructions de configuration complexes dans de longs fichiers `README`. Il a retracé l'évolution du packaging Python, de `setup.py` en 2000 à `setup.cfg` en 2008 et `pyproject.toml` en 2016, soulignant comment les formats de distribution comme les fichiers egg (2004) et les wheels (2012) ont cherché à simplifier la distribution binaire mais ont introduit de la complexité. Conda, lancé en 2012, a répondu aux dépendances binaires pour la science des données et le machine learning, particulièrement sur Windows, mais son écosystème a divergé de celui de PyPI. Pixi unifie ces mondes en prenant en charge les paquets conda et PyPI, utilisant un seul fichier de configuration (`pixi.toml` ou `pyproject.toml`) pour définir les dépendances, les canaux (par exemple, conda-forge) et les plateformes (par exemple, Windows, macOS). Nichita a démontré la capacité de Pixi à gérer des projets variés, des projets robotiques basés sur C++ aux modèles ML en Python, garantissant des configurations reproductibles avec une seule commande : pixi run.

Fonctionnalités Clés et Système de Tâches de Pixi

Les fonctionnalités phares de Pixi incluent son implémentation en Rust, offrant un binaire unique pour une installation facile, et son système de fichiers de verrouillage, inspiré d'outils comme Poetry et Cargo. Les fichiers de verrouillage capturent les versions exactes des paquets, les URL et les hachages, éliminant les problèmes de type « ça marchait sur ma machine » en assurant des environnements identiques pour les contributeurs, les systèmes CI et les utilisateurs. Nichita a mis en avant le système de tâches multiplateforme de Pixi, qui remplace les Makefiles par une syntaxe simple, semblable à bash. Les tâches peuvent définir des entrées, des sorties et des dépendances, permettant une mise en cache pour ignorer les tâches inchangées. Par exemple, dans une démo de détection d'images basée sur ResNet, les tâches Pixi ont téléchargé des classes d'images, construit un modèle et effectué une détection, gérant automatiquement des dépendances comme PyTorch et JupyterLab. Nichita a également présenté la gestion d'environnements de Pixi, permettant aux développeurs de définir plusieurs environnements (par exemple, base, accéléré par CUDA, recherche) au sein d'un même projet, rationalisant les flux de travail pour le développement, les tests et la production.

Performance et Intégration dans l'Écosystème

Nichita a souligné la performance de Pixi, attribuant sa rapidité à un solveur SAT personnalisé, Resolvo, implémenté en Rust. Resolvo prend en charge le multithreading, fournit des messages d'erreur lisibles et est adaptable à d'autres écosystèmes, contrairement aux solveurs plus anciens. Les benchmarks ont montré que Pixi résout les dépendances pour des paquets comme Matplotlib et Scikit-learn dix fois plus vite que conda et trois fois plus vite que micromamba. L'intégration avec uv, une alternative à pip basée sur Rust, améliore la compatibilité avec PyPI, évitant la fragmentation de l'écosystème. Nichita a répondu aux questions du public, expliquant que Pixi prend en charge les shells interactifs (pixi shell) et importe les fichiers environment.yml existants, facilitant la migration depuis des outils comme Poetry. Il a également noté un support expérimental pour WebAssembly, permettant aux projets Pixi de s'exécuter dans les navigateurs. En favorisant la collaboration via conda-forge et en offrant une CLI pour la gestion des dépendances, Pixi simplifie les flux de travail scientifiques, en faisant un choix convaincant pour les développeurs recherchant des environnements robustes et reproductibles.

Liens

- Replay sur YouTube: https://www.youtube.com/watch?v=O-up045PgXE
- Site web de Prefix.dev: https://prefix.dev/
- Explorez la documentation de Pixi: https://pixi.sh/
- Consultez le repo GitHub de Pixi: https://github.com/prefix-dev/pixi

Dévoiler Mamba 2.0 : L'Avenir de la Gestion Rapide de Paquets

Johan Mabille et **Julien Jerphanion**, de QuantStack, ont présenté « Dévoiler Mamba 2.0 : L'Avenir de la Gestion Rapide de Paquets » . Cette conférence a introduit Mamba 2.0, un gestionnaire de paquets indépendant du langage, refactorisé pour améliorer la vitesse et la résilience de l'écosystème conda. Organisée par PyData, une initiative de NumFOCUS, la session s'adressait aux professionnels du calcul scientifique. Johan et Julien ont détaillé l'évolution de Mamba, d'un prototype de 2019 à un framework modulaire, répondant aux défis de conda-forge comme la centralisation et la sécurité. Ils ont mis en avant le codebase unifié de Mamba 2.0, l'intégration de nouveaux solveurs et le support du mirroring, culminant dans une démonstration de release en direct. Cet article explore l'architecture de Mamba 2.0, ses avancées en matière de solveurs et son impact sur l'écosystème conda.

Évolution de Mamba et Défis de l'Écosystème

Johan a fourni un contexte historique, notant qu'avant le lancement de conda en 2012, la distribution de logiciels Python scientifiques était laborieuse en raison des dépendances natives et des différences entre plateformes. Conda, développé par Anaconda, a simplifié cela, mais conda-forge, un canal communautaire depuis 2015, est devenu plus lent avec l'augmentation du nombre de paquets. Mamba, introduit en 2019, a intégré le solveur libsolv d'openSUSE pour accélérer la résolution des dépendances, surpassant conda. Cependant, Mamba 1.0 a accumulé une dette technique, avec une logique dupliquée entre Mamba et micromamba, l'absence d'API publique et une dépendance aux serveurs d'Anaconda, posant des risques de centralisation et de pannes. Johan et Julien ont défini les objectifs de conda-forge : efficacité, transparence, résilience, décentralisation et sécurité. Mamba 2.0 répond à ces besoins en supprimant les dépendances Python, en unifiant les bases de code et en prenant en charge le mirroring HTTPS et les registres OCI, réduisant la dépendance à un seul fournisseur et renforçant la sécurité de la chaîne d'approvisionnement grâce à la signature des paquets.

Architecture Refactorisée de Mamba 2.0

Julien a détaillé la refonte de Mamba 2.0, passant d'un prototype à un framework modulaire. La bibliothèque principale, `libmamba`, écrite en C++, dispose désormais de composants isolés pour la signature, la validation et le téléchargement, avec une couche de solveur dédiée. Contrairement à Mamba 1.0, qui surutilisait `libsolv` pour des tâches comme l'analyse des données de référentiel, Mamba 2.0 limite `libsolv` à la résolution des dépendances, améliorant la maintenabilité. L'unification du codebase élimine la duplication entre Mamba (CLI) et micromamba (un exécutable léger de 5 Mo), `micromamba` étant lié dynamiquement pour permettre des mises à jour indépendantes. Une API publique, accessible via C++ et Python à travers `libmambapy`, permet aux développeurs de construire des applications, pas seulement des scripts. Julien a mis en avant de nouvelles fonctionnalités comme le Update Framework pour une signature sécurisée des paquets et des motifs transactionnels pour des mises à jour d'environnement cohérentes, garantissant la stabilité même en cas de défaillances réseau. Ces changements font de Mamba 2.0 une base solide pour des flux de travail complexes en calcul scientifique.

Avancées des Solveurs et Orientations Futures

La présentation s'est concentrée sur la stratégie de solveur de Mamba 2.0, abordant les limites de `libsolv`—un codebase C vieillissant, complexe à maintenir et inefficace avec le nombre croissant de paquets de conda-forge. Julien a présenté Resolvo, un solveur SAT basé sur Rust également utilisé par Pixi, comme un remplacement potentiel. Resolvo offre un codebase clair et documenté, un multithreading et une performance plus rapide, avec des prototypes démontrant sa supériorité sur `libsolv` pour les grands écosystèmes. La couche d'isolation des solveurs de Mamba 2.0 permet une intégration fluide de solveurs alternatifs, avec des plans pour prendre en charge Resolvo de manière optionnelle, garantissant une transition en douceur. Johan et Julien ont également spéculé sur les solveurs de programmation linéaire entière comme alternatives futures, mieux adaptés aux défis uniques de la résolution des dépendances. Les questions du public ont clarifié la vitesse de Mamba (équivalente à conda en raison des solveurs partagés mais plus rapide dans les tâches basées sur C++) et ses avantages par rapport à pip, qui peine avec les dépendances natives. La release en direct de Mamba 2.0, financée par Bloomberg et l'Initiative Chan Zuckerberg, a souligné ses progrès communautaires, positionnant Mamba comme une pierre angulaire pour une gestion de paquets résiliente.

Liens

- Replay sur YouTube: https://www.youtube.com/watch?v=2Pu72HC1DW8
- Site web de QuantStack: https://quantstack.net/
- Repo GitHub de Mamba: https://github.com/mamba-org/mamba

Unifier les Mondes Scientifique et Industriel pour le Traitement Avancé des Signaux et Images

Pierre Raybaut, ingénieur logiciel chez Codra, a présenté « Unifier les Mondes Scientifique et Industriel pour le Traitement Avancé des Signaux et Images » . Cette conférence a introduit DataLab, une plateforme open-source pour le traitement des signaux et images, conçue pour intégrer la recherche scientifique aux applications industrielles. Organisée par PyData, une initiative de NumFOCUS, la session s'adressait aux data scientists et ingénieurs. Pierre, créateur de Python(x,y), Spyder et WinPython, a présenté le rôle de DataLab dans le traitement des données expérimentales, comme les diagnostics plasma au Laser Mégajoule (LMJ), et son extensibilité via des scripts Python et plugins. Cet article explore les fonctionnalités de DataLab, sa fiabilité de niveau industriel et son interopérabilité avec des outils comme Spyder et Jupyter.

Objectif et Contexte Industriel de DataLab

Pierre a débuté en décrivant son parcours à l'intersection de la science et de l'industrie, notamment au Commissariat à l'Énergie Atomique (CEA) et chez Codra, où il développe des logiciels scientifiques. DataLab a été créé pour répondre au besoin d'un outil générique et open-source pour traiter les signaux 1D et images 2D, initialement pour le LMJ, une expérience majeure de fusion par confinement inertiel simulant des armes atomiques. Le LMJ génère d'énormes ensembles de données à partir de diagnostics plasma, incluant des images rayons X et de la spectrométrie, nécessitant un traitement robuste. DataLab, basé sur des bibliothèques Python comme NumPy, OpenCV et PlotPyStack, propose une application desktop pour le traitement local des données, garantissant une fiabilité pour des clients industriels comme le CEA. Pierre a souligné son rôle comme outil complémentaire aux notebooks Jupyter et IDEs comme Spyder, offrant une interface conviviale pour le prototypage rapide et les tests d'algorithmes, tout en maintenant des normes industrielles avec une couverture de tests automatisés de 90 %.

Fonctionnalités Clés et Extensibilité

Les atouts de DataLab résident dans son extensibilité, son interopérabilité, son automatisation et sa testabilité. Il prend en charge divers formats de fichiers, y compris HDF5 et CSV (gérant des fichiers de plusieurs gigaoctets), et propose des fonctionnalités comme la réduction de bruit, la détection de contours et la détection de pics 2D. Les utilisateurs peuvent étendre les fonctionnalités via des plugins, qui ajoutent des capacités de traitement, d'E/S ou de support HDF5, ou via des commandes macro utilisant une API de haut niveau. Pierre a démontré la compatibilité multiplateforme de DataLab (Windows, Linux) et sa capacité à s'intégrer avec Spyder ou Jupyter en le contrôlant à distance depuis un environnement Python 3.12 tout en fonctionnant sur Python 3.11. Cette interopérabilité permet aux développeurs de prototyper dans l'interface graphique de DataLab, d'envoyer des données à un IDE pour des scripts personnalisés et de récupérer les résultats. Pour le LMJ, Codra a développé des plugins spécifiques pour traiter les images d'alignement des caméras scientifiques, calculant des paramètres pour les diagnostics plasma, illustrant les applications industrielles concrètes de DataLab.

Applications Pratiques et Validation

Pierre a mis en avant quatre cas d'usage : le prototypage autonome, le développement de pipelines avec des IDEs, le débogage d'applications de traitement et l'amélioration d'applications avec les fonctionnalités de DataLab. Pour le débogage, DataLab visualise les données intermédiaires aux points d'arrêt, facilitant le développement d'algorithmes, comme dans une application d'assemblage d'images rayons X en attente de brevet. Pour l'amélioration, DataLab agit comme une bibliothèque ou un compagnon, traitant les données pour les systèmes de contrôle au LMJ. La validation est cruciale, avec une validation fonctionnelle via des tests unitaires et une validation technique garantissant des résultats précis (couverture de 84 %). Pierre a répondu aux questions du public, notant l'absence de plans actuels pour le traitement d'images 3D mais une ouverture à l'ajout de bibliothèques comme TensorFlow selon les besoins des clients. La documentation complète de DataLab et sa distribution via Conda et des installateurs Windows le rendent accessible, le positionnant comme un outil puissant pour les scientifiques et ingénieurs unifiant recherche et industrie.

Liens

- Replay sur YouTube: https://www.youtube.com/watch?v=yn1bR-BVfn8
- Site web de Codra: https://www.codra.net/
- Site web de DataLab: https://datalab-platform.com/
- Documentation de DataLab: https://datalab-platform.readthedocs.io/

Renforcer la Fiabilité de l'IA : Quantification de l'Incertitude avec MAPIE

Valentin Cordier et **Thibaud Laurent**, data scientists chez Capgemini Invent, ont présenté « Renforcer la Fiabilité de l'IA : Quantification de l'Incertitude avec MAPIE » . Cette conférence a introduit MAPIE, une bibliothèque Python de scikit-learn-contrib pour la prédiction conforme, permettant la quantification de l'incertitude dans les modèles de machine learning. Organisée par PyData, une initiative de NumFOCUS, la session s'adressait aux praticiens de l'IA. Valentin et Thibaud ont expliqué comment MAPIE fournit des intervalles de prédiction avec des garanties statistiques pour la régression, la classification et des tâches avancées comme la classification multi-étiquettes, en utilisant un agent conversationnel comme étude de cas. Cet article explore le cadre de prédiction conforme de MAPIE, son implémentation et son rôle dans l'amélioration de la fiabilité de l'IA.

Comprendre la Prédiction Conforme

Valentin a introduit la quantification de l'incertitude comme essentielle pour une IA fiable, utilisant l'analogie d'un modèle de tir à l'arc où les intervalles de prédiction garantissent la sécurité en évitant les actions risquées. La prédiction conforme, au cœur de MAPIE, génère des ensembles de prédiction avec une couverture contrôlée (par exemple, 95 % de confiance) sans hypothèses distributionnelles fortes, nécessitant uniquement des données échangeables. Thibaud a détaillé le processus de prédiction conforme par division : entraîner un modèle, le calibrer avec un ensemble de données séparé et calculer des scores de non-conformité pour définir les ensembles de prédiction. Pour la régression, MAPIE produit des intervalles indiquant l'incertitude (petits intervalles pour faible incertitude, grands pour forte). En classification, il fournit des ensembles de classes probables, les ensembles à classe unique indiquant une forte confiance. Cette approche agnostique au modèle fonctionne avec n'importe quel modèle (scikit-learn, TensorFlow, PyTorch) et cas d'usage (NLP, vision par ordinateur, séries temporelles), rendant MAPIE polyvalent pour des applications critiques comme les véhicules autonomes et les diagnostics médicaux.

Implémentation et Fonctionnalités de MAPIE

Valentin a démontré la facilité d'utilisation de MAPIE, présentant du code pour la régression et la classification. Pour la régression, un modèle de régression linéaire est enveloppé avec `MapieRegressor`, calibré sur un ensemble de données, et utilisé pour prédire des intervalles à des niveaux de risque spécifiés (alpha). Pour la classification, MAPIE produit des ensembles de prédiction, avec des visualisations montrant des régions à classe unique confiantes par rapport à des zones multi-classes incertaines. MAPIE prend en charge des méthodes avancées comme `jackknife+` et la prédiction conforme croisée, en accord avec la littérature scientifique. Valentin a souligné son intégration avec la théorie du contrôle des risques, offrant des garanties statistiques sur des métriques comme le rappel et la précision. Thibaud a présenté une étude de cas d'agent conversationnel, où MAPIE assurait des actions sûres en retournant des prédictions à classe unique pour des instructions claires (par exemple, « placer le bol en plastique au micro-ondes ») ou en demandant des clarifications pour celles ambiguës, réduisant les risques de malentendus. La compatibilité de MAPIE avec des modèles personnalisés, comme un Transformer enveloppé dans une API scikit-learn, renforce sa flexibilité.

Feuille de Route et Impact Plus Large

Valentin a esquissé la feuille de route de MAPIE, visant une version 1.0 avec une API améliorée, une documentation remaniée et un accent sur les cas d'usage pratiques. Les plans futurs incluent l'exploration de la prédiction conforme pour les grands modèles de langage et les tests d'hypothèses. La bibliothèque, soutenue par Capgemini Invent et des partenaires externes, bénéficie d'une large communauté de contributeurs. Valentin a noté le rôle de MAPIE dans une IA fiable, aux côtés d'outils comme Collat pour la qualité des données, en lien avec des réglementations comme l'AI Act. Les questions du public ont porté sur la sélection d'alpha (un compromis dicté par le métier), la compatibilité avec d'autres packages de prédiction conforme, et la taille de l'ensemble de calibration (généralement 20 % des données d'entraînement). Thibaud a précisé que la baisse de performance de MAPIE est minime, principalement due à des données d'entraînement réduites, et que des méthodes adaptatives comme la régression quantile conformalized améliorent la gestion du bruit local. MAPIE permet aux praticiens de construire une IA digne de confiance avec une quantification robuste de l'incertitude.

Liens

- Replay sur YouTube:
  https://www.youtube.com/watch?v=Rpy-Ozci_80
- Site web de Capgemini Invent:
  https://www.capgemini.com/invent/
- Repo GitHub de MAPIE:
  https://github.com/scikit-learn-contrib/MAPIE

JupyterLite, Emscripten-forge, Xeus et Mamba

Jeremy Tuloup et **Ian Thomas**, ingénieurs chez QuantStack, ont présenté « JupyterLite, Emscripten-forge, Xeus et Mamba » . Cette conférence a introduit JupyterLite, une distribution JupyterLab fonctionnant entièrement dans le navigateur grâce à des noyaux basés sur WebAssembly, aux côtés d'outils comme Emscripten-forge, Xeus et Mamba. Organisée par PyData, une initiative de NumFOCUS, la session s'adressait aux data scientists et développeurs. Jeremy et Ian ont montré comment JupyterLite permet des déploiements évolutifs sans serveur et prend en charge des environnements personnalisés, illustrés par une démonstration en direct d'un terminal. Cet article explore l'architecture de JupyterLite, son intégration à l'écosystème et son potentiel pour un calcul accessible et reproductible.

Architecture Basée sur le Navigateur de JupyterLite

Jeremy a présenté JupyterLite comme une distribution légère de JupyterLab fonctionnant entièrement dans le navigateur, éliminant le besoin d'une infrastructure côté serveur. Contrairement à JupyterLab traditionnel, où les noyaux s'exécutent en processus séparés, JupyterLite utilise des noyaux in-browser basés sur WebAssembly, compilés à partir d'implémentations Python en C comme Pyodide ou Xeus. Cela permet des déploiements évolutifs pour des millions d'utilisateurs en servant des fichiers statiques via des plateformes comme GitHub Pages ou AWS S3, comme Jeremy l'a expliqué avec la CLI jupyterlite, qui génère des fichiers HTML, CSS, JavaScript et WebAssembly. Ian a détaillé le protocole de noyau, qui permet la communication entre le navigateur et les interpréteurs de langage, prenant en charge Python, Lua et un futur noyau R. La compatibilité de JupyterLite avec des bibliothèques comme Matplotlib et Plotly, et son intégration dans des blogs ou documentations via des iframes, en fait un outil idéal pour l'éducation et le calcul reproductible.

Intégration à l'Écosystème avec Xeus, Emscripten-forge et Mamba

Ian a expliqué les rôles de Xeus, Emscripten-forge et Mamba dans l'écosystème de JupyterLite. Xeus, un framework C++, fournit un wrapper de protocole de noyau pour plusieurs langages, permettant à JupyterLite de supporter Python et Lua, avec un noyau R en développement. Contrairement à Pyodide, basé sur pip et permettant l'installation de paquets à l'exécution, Xeus utilise une approche basée sur conda avec des paquets préinstallés d'Emscripten-forge, une distribution conda axée sur WebAssembly. Emscripten-forge comble le manque de support WebAssembly de conda-forge, permettant des environnements JupyterLite personnalisés avec des paquets comme Matplotlib, comme Jeremy l'a démontré dans un workflow de déploiement. Mamba, un gestionnaire de paquets rapide, résout les dépendances pour les paquets Emscripten-forge. La démonstration en direct d'Ian a présenté un terminal expérimental in-browser, listant des fichiers et exécutant des programmes Lua, soulignant les efforts pour répliquer les fonctionnalités de terminal de JupyterLab. Ces outils renforcent la flexibilité et l'évolutivité de JupyterLite.

Applications et Orientations Futures

La nature statique de JupyterLite en fait une « capsule temporelle de reproductibilité », comme l'a noté Jeremy, préservant les environnements computationnels pendant des années grâce à des standards web stables. Son utilisation en éducation, documentation (par exemple, NumPy.org) et applications web statiques via Voilà et WASM (Voilà basé sur WebAssembly) élargit son attrait. Ian a répondu aux questions du public, notant les défis des fonctionnalités de terminal comme Git (faisable pour les dépôts locaux mais complexe pour SSH/GPG) et l'accès au système de fichiers (limité au stockage du navigateur comme IndexedDB, bien qu'extensible). Les plans futurs incluent l'installation de paquets à l'exécution pour Xeus, un noyau R et une potentielle intégration WebGPU pour l'entraînement local d'IA, bien que Jeremy ait averti que l'accès GPU reste non développé. En convergeant la gestion de paquets Pyodide et Xeus, comme l'a discuté Ian, JupyterLite vise à simplifier l'expérience utilisateur, le positionnant comme un outil puissant pour des flux de travail computationnels accessibles, évolutifs et diversifiés.

Liens

- Replay sur YouTube: https://www.youtube.com/watch?v=BNycVZk8TXc
- Site web de QuantStack: https://quantstack.net/
- Repo GitHub de JupyterLite: https://github.com/jtpio/pydata-paris-2024-jupyterlite-xeus
- Accédez aux supports de présentation: https://jtp.io/pydata-paris-2024-jupyterlite-xeus/files/index.html

Durabilité et Philanthropie de l'Open Source : Construire des Communautés de Contributeurs

Melissa Wright et **Dave Nielsen**, du Bureau du Programme Open Source (OSPO) et de l'équipe d'ingénierie de Bloomberg, ont présenté « Durabilité et Philanthropie de l'Open Source : Construire des Communautés de Contributeurs » . Cette conférence a exploré l'initiative de Bloomberg pour soutenir l'open source via des contributions communautaires, en se concentrant sur un programme de mentorat pandas avec NumFOCUS. Organisée par PyData, une initiative de NumFOCUS, la session s'adressait aux passionnés d'open source. Melissa et Dave ont discuté de la conversion d'heures de bénévolat en dons caritatifs, de la promotion de la diversité et de la construction de pipelines de contributeurs durables. Cet article examine le cadre de Bloomberg, l'initiative pandas et ses implications plus larges pour la durabilité de l'open source.

Philosophie Open Source de Bloomberg

Melissa a présenté Bloomberg comme une entreprise « open source first », où l'open source est essentiel à son infrastructure et ses services. Elle a souligné le passage de la consommation à une participation active, guidée par quatre piliers : le soutien aux fondations comme NumFOCUS, un Fonds de Contributeurs Rapide pour les dons votés par les employés, un programme de dons (« Open Source Dollars for Hours ») et des initiatives de bénévolat. Le programme Dollars for Hours associe les contributions bénévoles à des dons caritatifs, reconnaissant l'open source comme un bien public. Melissa a évoqué la contribution de 50 000 $ d'une collègue à la Cystic Fibrosis Foundation, illustrant comment les compétences techniques peuvent s'aligner sur la philanthropie. Dave, ingénieur senior et membre de Bloomberg Women in Technology (BWIT), a souligné le rôle de la communauté dans la promotion de l'inclusivité et de l'innovation, établissant des parallèles entre le mentorat STEM de BWIT et la collaboration open source, qui favorise la confiance et l'impact global.

L'Initiative de Mentorat Pandas

Melissa et Dave ont détaillé l'Initiative de Durabilité de l'Open Source, un programme de mentorat avec pandas et NumFOCUS. L'initiative exigeait une entité légale (NumFOCUS), un mentorat de Bloomberg et des mainteneurs pandas, une valeur commerciale (pertinence de pandas pour Bloomberg), des valeurs partagées (diversité, durabilité) et des incitations (dons caritatifs). Dave a décrit sa structure : une portée mondiale à travers les bureaux de Bloomberg, des sessions de travail pour favoriser la collaboration, des configurations de développement simplifiées et des dialogues de contribution pour mettre en avant l'impact. Plus de 100 participants, dont de nombreuses femmes et groupes sous-représentés, ont contribué à plus de 40 pull requests. Des participants comme Michael, contributeur novice, ont trouvé de la motivation, tandis que Dave a grandi en tant que mentor. Le programme a généré plus de 500 heures de bénévolat, converties en dons, pandas recevant des fonds via le Fonds de Contributeurs Rapide. Un mainteneur pandas, Will, a salué l'initiative pour avoir connecté les contributeurs aux développeurs principaux, facilitant la communication et maintenant l'engagement.

Élargir la Durabilité et l'Impact

Melissa a encouragé les participants à développer leurs propres cadres pour soutenir l'open source, soulignant la responsabilité collective. Elle a mis en avant l'objectif à long terme de l'initiative : créer un pipeline de contributeurs diversifié et durable, pas seulement des contributions ponctuelles. Dave a noté les contributions continues après le programme, indiquant un succès dans la construction d'un engagement. Les questions du public ont porté sur les types de soutien (Melissa a privilégié un soutien adapté aux besoins du projet plutôt que l'embauche d'ingénieurs), la conviction des entreprises à contribuer (contrôle des feuilles de route des projets) et les contributions bénévoles versus professionnelles (strictement bénévoles pour s'aligner sur la philanthropie). Melissa a invité à la collaboration via opensource@bloomberg.net, notant des plans pour des articles de blog afin de partager les enseignements. En combinant contributions techniques, mentorat et philanthropie, le modèle de

Bloomberg offre une approche évolutive pour diversifier et soutenir les communautés open source, alignant technologie et impact social.

Liens

- Replay sur YouTube: https://www.youtube.com/watch?v=6tYLW3fQYVg
- Site web de Bloomberg: https://www.bloomberg.com/company/
- Contactez l'OSPO de Bloomberg: mailto:opensource@bloomberg.net

NetworkX Rapide et Comment les Backends Accélérés Révolutionnent l'Analyse de Graphes

Erik Welch, membre de l'équipe RAPIDS de NVIDIA, a présenté « NetworkX Rapide et Comment les Backends Accélérés Révolutionnent l'Analyse de Graphes » . Cette conférence a exploré comment NetworkX, la principale bibliothèque Python d'analyse de graphes, surmonte les limites de performance de son implémentation pure-Python grâce à des backends accélérés. Organisée par PyData, une initiative de NumFOCUS, la session s'adressait aux data scientists et passionnés d'analyse de graphes. Erik a démontré comment des backends comme cuGraph, GraphBLAS et autres permettent une accélération GPU et une scalabilité, s'intégrant à des outils comme cuDF.pandas pour des workflows complets. Cet article examine l'architecture des backends de NetworkX, ses améliorations de performance et son rôle dans l'analyse moderne de graphes.

La Révolution des Backends de NetworkX

Erik a présenté NetworkX comme la bibliothèque de référence pour l'analyse de graphes, avec 69 millions de téléchargements mensuels sur PyPI et une API affinée sur deux décennies. Son implémentation pure-Python, bien que conviviale, peine avec les graphes à grande échelle en raison de performances lentes. Pour y remédier, NetworkX prend désormais en charge des backends qui délèguent les calculs à des bibliothèques optimisées comme cuGraph (basé sur GPU), GraphBLAS et nx-parallel, tout en préservant l'API familière. Erik a montré un algorithme simple de plus court chemin, où spécifier backend="cugraph" ou définir des variables d'environnement accélère l'exécution en convertissant le graphe en un format compatible GPU. Ce mécanisme de dispatching, appliqué à des centaines de fonctions, évite les conversions redondantes en mettant en cache les données GPU, comme Erik l'a expliqué. La prochaine version 3.4 de NetworkX marque la transition des backends de l'expérimental au stable, améliorant la documentation et l'ergonomie pour une intégration fluide dans les workflows existants.

Gains de Performance et Scalabilité

La principale motivation des backends est la vitesse, en particulier pour les graphes avec des millions ou milliards d'arêtes. Erik a partagé un exemple concret : calculer la centralité d'intermédiarité sur un graphe de 16,5 millions d'arêtes prenait 7 minutes 44 secondes avec NetworkX standard, mais seulement 20 secondes avec cuGraph, y compris le transfert de données vers le GPU. Une optimisation supplémentaire utilisant cuDF.pandas pour maintenir les données sur le GPU dès le départ réduit les surcoûts, comme Erik l'a démontré avec un workflow évitant la création de graphes NetworkX. Des backends comme cuGraph, partie de l'écosystème RAPIDS de NVIDIA, scalent jusqu'à des graphes de trillions d'arêtes, Erik citant un calcul de PageRank sur un tel graphe en 19,3 secondes. D'autres backends, comme nx-pandas (traitant les DataFrames comme des graphes) et ArangoDB (pour la persistance des graphes), élargissent la polyvalence de NetworkX. Erik a répondu aux questions du public, notant que les backends documentent les paramètres non pris en charge et visent la compatibilité, avec un repli prévu vers NetworkX standard pour les fonctionnalités non supportées, garantissant une fiabilité pour divers cas d'usage.

Des Graphes Partout : Applications et Perspectives

Erik a souligné que « les graphes sont partout », des réseaux sociaux aux graphes de connaissances et systèmes de recommandation. Il a illustré cela avec des exemples comme les relations de co-premiers sous forme de matrices d'adjacence et les graphes bipartites issus de DataFrames rectangulaires, montrant comment NetworkX gère les données éparses et désordonnées. Les workflows courants impliquent des DataFrames pandas convertis en graphes via des listes d'arêtes, comme Erik l'a démontré. Les backends permettent à NetworkX de répondre à des cas d'usage émergents, comme les réseaux neuronaux de graphes et la génération augmentée par récupération (RAG) pour les grands modèles de langage, en scalant les analyses traditionnelles. Les améliorations futures incluent une accélération GPU sans changement de code et des extensions de backends personnalisés, comme Erik a encouragé les contributions. En combinant facilité d'utilisation et haute performance, NetworkX avec backends permet aux data scientists d'extraire de la valeur des données connectées, de la recherche scientifique aux applications commerciales, en faisant un pilier de l'analyse moderne de graphes.

Liens

- Replay sur YouTube: https://www.youtube.com/watch?v=Aqa8MaMGpEs
- Site web de NVIDIA: https://www.nvidia.com/
- Explorez la documentation de NetworkX: https://networkx.org/

Images Composites en Couleur du Télescope Spatial James Webb

Jesse Averbukh, ingénieur logiciel au Space Telescope Science Institute, a présenté « Images Composites en Couleur du Télescope Spatial James Webb » . Cette conférence a introduit Jdaviz, un package Python open-source pour visualiser et analyser les images du Télescope Spatial James Webb (JWST). Organisée par PyData, une initiative de NumFOCUS, la session s'adressait aux astronomes et data scientists. Jesse a combiné une présentation avec une démonstration pratique, montrant comment Jdaviz crée des images composites en couleur de galaxies comme la Galaxie de la Roue de Chariot. Cet article explore les capacités de Jdaviz, son rôle dans l'analyse des données JWST et son potentiel pour la visualisation astronomique.

Jdaviz et JWST : Révolutionner la Visualisation Astronomique

Jesse a souligné l'importance du Télescope Spatial James Webb, notant que ses capacités d'imagerie infrarouge surpassent celles de Hubble, perçant les nuages de gaz pour révéler les premières galaxies et les atmosphères d'exoplanètes. Jdaviz, développé pour moderniser des outils comme l'IRAF vieux de 40 ans, exploite l'écosystème Python (astropy, numpy, glue) et les notebooks Jupyter pour une visualisation interactive. Il prend en charge plusieurs configurations—visionneuses d'images (Imviz), spectres 1D/2D et cubes de données 3D—fonctionnant comme une application autonome, une application de bureau ou un outil intégré au web. Jesse a démontré l'interface d'Imviz, avec des menus de données, des contrôles de zoom et des plugins pour des tâches comme la photométrie d'ouverture. En chargeant des images JWST issues de filtres (infrarouge proche via NIRCam, infrarouge moyen via MIRI), Jdaviz attribue des couleurs et ajuste l'opacité pour créer des composites vivants, transformant des données monochromatiques brutes en images prêtes pour les médias, comme Jesse l'a montré avec la Nébuleuse de l'Anneau Austral.

Démonstration Pratique de Création d'Images Composites

La démonstration de Jesse s'est concentrée sur la construction d'une image composite en couleur de la Galaxie de la Roue de Chariot à l'aide d'Imviz. Il a guidé les participants à travers un notebook Jupyter, disponible localement ou sur une plateforme cloud, traitant neuf images totalisant 3 Go. Le workflow impliquait le chargement de fichiers FITS depuis l'archive MAST, l'alignement des images par le Système de Coordonnées Mondiales (WCS) pour une couverture céleste, et l'application de préréglages RGB pour mapper les longueurs d'onde infrarouges (rouge) aux visibles (bleu). Jesse a ajusté l'étirement, l'opacité et le contraste via l'interface utilisateur et l'API d'Imviz, abordant des défis comme les estimations initiales médiocres de l'étirement de MIRI, produisant des blobs blancs. L'image résultante, bien que n'égalant pas les sorties polies du Bureau de Sensibilisation Publique, était proche, Jesse encourageant les participants à l'affiner. Il a répondu à une demande de montrer des images brutes, affichant des vues à filtre unique pour contraster avec les composites, mettant en évidence la capacité de Jdaviz à révéler des caractéristiques stellaires cachées.

Applications et Potentiel Futur

La nature open-source de Jdaviz, hébergée sur GitHub, invite les contributions, des rapports de bugs aux notebooks d'exemples, comme Jesse l'a encouragé. Son format FITS, standard en astronomie intégrant des métadonnées, soutient une visualisation précise, bien que Jesse ait noté son potentiel non testé dans des domaines comme l'analyse géospatiale. Les questions du public ont clarifié le rôle de Jdaviz (visualisation, pas analyse spectrale, qui utilise Specviz) et les détails techniques, comme le déploiement autonome via Voilà (avec exploration de Solara). Une limitation clé—l'absence de sauvegarde de l'état de l'interface utilisateur—a été reconnue, Jesse détaillant des solutions manuelles via l'API et des plans d'amélioration. Jdaviz permet aux astronomes d'analyser les données JWST de manière interactive, soutient la sensibilisation éducative et pourrait s'étendre à d'autres télescopes ou domaines, en faisant un outil polyvalent pour la découverte astronomique basée sur les données.

Liens

- Replay sur YouTube: https://www.youtube.com/watch?v=nwcJflhFLRE
- Site web du Space Telescope Science Institute: https://www.stsci.edu/
- Repo GitHub de Jdaviz: https://github.com/spacetelescope/jdaviz
- Accédez à la documentation de Jdaviz: https://jdaviz.readthedocs.io/

Jupylates : Répétition Espacée pour l'Enseignement avec Jupyter

Nicolas M. Thiéry, professeur à l'Université Paris-Saclay, a présenté « Jupylates : Répétition Espacée pour l'Enseignement avec Jupyter » . Cette conférence a introduit Jupylates, une extension open-source de Jupyter conçue pour améliorer l'enseignement en intégrant des exercices à répétition espacée dans les notebooks Jupyter. Organisée par PyData, une initiative de NumFOCUS, la session s'adressait aux éducateurs et formateurs en sciences des données. Nicolas, avec sa collaboratrice Klara Maučec, a montré comment Jupylates exploite la structure narrative de Jupyter pour offrir des exercices randomisés avec correction automatique et recommandations personnalisées, tout en priorisant la confidentialité des données. Cet article explore les fonctionnalités de Jupylates, son impact sur l'enseignement et son potentiel pour transformer l'éducation computationnelle.

Jupylates : Améliorer Jupyter avec la Répétition Espacée

Nicolas a commencé par souligner le succès de Jupyter dans l'enseignement de l'informatique et des sciences des données à l'Université Paris-Saclay, où 600 nouveaux étudiants utilisent Jupyter dès le premier jour, totalisant 4 000 utilisateurs. La structure narrative des notebooks Jupyter—mélangeant texte, code, visualisations et éléments interactifs—permet aux étudiants d'explorer le matériel à leur rythme. Cependant, Nicolas a observé que les étudiants oublient souvent les concepts peu après les avoir appris, car la rétention à long terme nécessite de la répétition. Jupylates répond à ce problème en permettant aux enseignants de créer des exercices sous forme de notebooks Jupyter avec des variations randomisées et une correction automatique. Nicolas a démontré des exercices en Python et C++, comme extraire une colonne d'un DataFrame pandas ou prédire la sortie d'un code, où les étudiants reçoivent des variantes pour éviter la monotonie. Des cellules cachées calculent les solutions, et des cellules de test fournissent des retours, maintenant une simplicité. Le design léger de Jupylates, installé via pip install jupylates, s'intègre facilement dans les environnements Jupyter existants, nécessitant uniquement des fichiers notebook pour le déploiement.

Apprentissage Personnalisé et Respect de la Confidentialité

Une caractéristique clé de Jupylates est son algorithme de répétition espacée, inspiré de plateformes comme Anki et Duolingo, appuyées par les neurosciences. Il suit les progrès des étudiants localement dans un fichier JSON, évitant le partage de données externes pour garantir la confidentialité—un clin d'œil aux préoccupations soulevées dans les talks précédents de PyData. Nicolas a montré comment Jupylates recommande des exercices en fonction des performances passées, suggérant des révisions à intervalles croissants (par exemple, deux jours, quatre jours, une semaine). Cette personnalisation aide les étudiants à renforcer les concepts sans les submerger, les apprenants expérimentés évitant les tâches redondantes tandis que les novices reçoivent plus de pratique. Nicolas a partagé que Jupylates, en production depuis décembre 2023, a été bien accueilli, les étudiants appréciant sa similarité avec des outils comme WIMS et Platon. Il a répondu aux questions du public, notant que le stockage local des données pose des défis pour les évaluations sécurisées (les étudiants pourraient accéder aux réponses), mais des environnements contrôlés utilisant des outils comme Voilà pourraient atténuer cela, avec des développements en cours pour renforcer la sécurité.

Applications et Vision d'Avenir

La polyvalence de Jupylates réside dans son design agnostique, prenant en charge tout langage compatible avec Jupyter (par exemple, Python, C++, Julia). Ses notebooks textuels en Markdown permettent le contrôle de version, facilitant la création collaborative d'exercices. Nicolas a souligné sa facilité de déploiement—aucune plateforme complexe ou authentification requise—le rendant idéal pour les éducateurs utilisant déjà Jupyter. Comparé à des alternatives comme NBGrader (sans randomisation) ou les systèmes de gestion d'apprentissage (avec un support computationnel limité), Jupylates offre des récits riches et une puissance computationnelle. Les plans futurs incluent une réimplémentation en JavaScript pour le support des widgets, une navigation de cours adaptative via des annotations sémantiques, et la génération de flashcards à partir de définitions annotées. Nicolas a invité à des contributions communautaires, citant une session du vendredi pour discuter du potentiel de Jupyter dans l'enseignement. En combinant l'interactivité de Jupyter avec la répétition espacée, Jupylates permet aux éducateurs de créer des expériences d'apprentissage engageantes, efficaces et respectueuses de la confidentialité, avec des applications dans les universités, les cours en ligne et au-delà.

Liens

- Replay sur YouTube: https://www.youtube.com/watch?v=4WDVm4PcHig
- Site web de l'Université Paris-Saclay: https://www.universite-paris-saclay.fr/
- Explorez le dépôt GitLab de Jupylates: https://gitlab.dsi.universite-paris-saclay.fr/jupyter/jupylates/

Améliorer les Applications RAG avec des Graphes de Connaissance et des LLMs Open-Source

Alonso Silva Allende a présenté « Améliorer les Applications RAG en Construisant et Exploitant des Graphes de Connaissance avec des LLMs Open-Source » . Cette conférence a exploré la Génération Augmentée par Récupération de Graphes (Graph RAG), combinant la recherche vectorielle avec des bases de données de graphes pour améliorer les applications de Génération Augmentée par Récupération (RAG) utilisant des LLMs open-weight. Organisée par PyData, une initiative de NumFOCUS, la session s'adressait aux data scientists et développeurs IA. Alonso a démontré Graph RAG avec un jeu de données de chansons de Metallica, utilisant LanceDB pour la recherche vectorielle et Kùzu pour les requêtes de graphes, tous alimentés par des outils open-source comme Llama 3.1 et sentence transformers. Cet article examine les mécanismes de Graph RAG, ses avantages par rapport au RAG vectoriel seul, et son potentiel pour les applications de données complexes.

RAG Vectoriel vs. Graph RAG : Une Étude de Cas Metallica

Alonso a introduit le RAG, qui améliore les LLMs en récupérant un contexte pertinent avant de générer des réponses. À l'aide d'un jeu de données Metallica (chansons, paroles, albums), il a d'abord démontré le RAG vectoriel seul avec LanceDB et l'embedding gte-tiny de sentence transformers. Pour les requêtes basées sur le contenu, comme « Quelle chanson parle d'un garçon ayant des cauchemars ? », LanceDB a correctement récupéré « Enter Sandman », mais a eu des difficultés avec d'autres, comme « One » pour un soldat blessé de guerre, le classant deuxième. Les requêtes structurelles, comme « Combien de chansons dans l'album Black ? », ont échoué, car le LLM s'appuyait sur cinq chansons en contexte, ignorant les 12 réelles. Alonso a ensuite introduit Graph RAG avec Kùzu, une base de données de graphes sous licence MIT. Il a construit un graphe avec des nœuds (artistes, albums, chansons) et des arêtes (chanson-à-album, album-à-artiste), permettant des requêtes Cypher précises. Pour la requête sur l'album Black, Kùzu a correctement récupéré les 12 chansons, démontrant la force des graphes dans les relations structurelles.

Combiner Vectoriel et Graphe pour un RAG Robuste

Pour tirer parti des deux approches, Alonso a proposé un système hybride. Il a utilisé un classificateur (construit avec Outlines et Llama 3.1) pour déterminer si une requête est basée sur le contenu (recherche vectorielle) ou structurelle (requête de graphe). Pour les requêtes de contenu, la recherche vectorielle récupère les paroles, et le LLM génère des réponses. Pour les requêtes structurelles, un LLM génère des requêtes Cypher à partir du schéma du graphe, exécutées sur Kùzu pour obtenir des résultats précis. Alonso a démontré cela avec des prompts adaptés de LangChain, exécutés localement pour garantir le contrôle des données. Bien que le grand modèle Llama 3.1 405B ait été utilisé via OpenRouter pour la démo, Alonso a souligné que les modèles locaux fonctionnent avec une ingénierie de prompts appropriée. Il a abordé les erreurs occasionnelles des requêtes Cypher (par exemple, filtres d'album manquants) en affinant les prompts avec des exemples, obtenant des résultats fiables pour des requêtes comme « Quelles chansons sont dans l'album Load ? ». Cette approche hybride équilibre la précision sémantique et structurelle, renforçant la robustesse du RAG.

Construction de Graphes de Connaissance et Potentiel Futur

Alonso a abordé la construction de graphes de connaissance, cruciale pour les données non structurées. À l'aide d'un texte sur Marie Curie, il a utilisé Outlines pour imposer un schéma Pydantic, spécifiant les types de nœuds (par exemple, personne, événement) et les types d'arêtes (par exemple, a rencontré, a visité). Le LLM a généré des nœuds et des arêtes, visualisés avec Graphviz, bien qu'Alonso ait noté des défis avec les textes volumineux nécessitant un découpage et une fusion. Il a référencé des experts comme

Tomaž Bratanic (Neo4j) et Prashanth Rao (Kùzu) pour des stratégies avancées, comme la fusion sémantique de nœuds similaires. Les avantages de Graph RAG—gérer des relations complexes, comme les transactions financières ou les requêtes multi-sauts—surpassent SQL pour les données complexes. Alonso a souligné la facilité d'installation de Kùzu (pip install kuzu) et le support de multiples bases de données par rapport aux limitations de Neo4j. Les applications futures incluent la détection de fraudes, les systèmes de recommandation et la bioinformatique, avec des LLMs open-source garantissant la confidentialité et la flexibilité des données.

Liens

- Replay sur YouTube: https://www.youtube.com/watch?v=sjprfQw5TJw
- Visitez le GitHub d'Alonso Silva Allende: https://github.com/alonsosilvaallende/
- Accédez au notebook de la présentation: https://github.com/alonsosilvaallende/2024-PyData-Paris/blob/main/PyData-Paris.ipynb

Suivre les émissions de CO2 de votre code avec CodeCarbon

Luis Blanche et **Benoît Courty**, contributeurs principaux de CodeCarbon, ont présenté une conférence intitulée « Suivre les émissions de CO2 de votre code avec CodeCarbon » . Cette session a introduit CodeCarbon, un package Python open-source conçu pour estimer l'empreinte carbone des processus computationnels en surveillant la consommation énergétique du matériel. Organisée par PyData, une initiative de NumFOCUS, la conférence s'adressait aux chercheurs en IA, aux data scientists et aux développeurs préoccupés par l'impact environnemental de l'IT. Luis et Benoît, représentant l'ONG CodeCarbon, ont démontré comment cet outil fournit des informations exploitables sur les émissions, favorisant des pratiques de calcul durables sans nécessiter une expertise technique approfondie. Cet article explore les fonctionnalités de CodeCarbon, son rôle dans la résolution des défis environnementaux de l'IT et les étapes pratiques pour réduire l'empreinte carbone.

L'Impact Environnemental de l'IT et le Rôle de CodeCarbon

Luis et Benoît ont débuté en soulignant l'empreinte environnementale alarmante de l'informatique. Les centres de données représentent actuellement 2 % des émissions mondiales de CO2, un chiffre qui devrait atteindre 10 % dans les années à venir. Au-delà du carbone, l'IT contribue à des problèmes éthiques et écologiques, notamment le travail des enfants dans l'extraction des composants matériels et l'accumulation de déchets électroniques en Afrique. La consommation d'eau est une autre préoccupation, les centres de données passant au refroidissement par eau pour plus d'efficacité, où une partie de l'eau s'évapore. Par exemple, Microsoft consomme un demi-litre d'eau par kilowatt-heure, un scénario optimal comparé à des configurations moins efficaces. Benoît a illustré cela avec les émissions des modèles d'entraînement, notant que Llama 3 (7B) émet beaucoup plus de CO2 que Llama 2 (7B) en raison d'un plus grand nombre de tokens d'entraînement, malgré des tailles de modèle identiques. Une tonne de CO2 équivaut à la fonte de 15 tonnes de glace en montagne, soulignant les conséquences tangibles. CodeCarbon, créé en 2020 avec la contribution de Yoshua Bengio, pionnier de l'IA, répond à ces enjeux en surveillant l'utilisation énergétique du CPU, GPU et RAM, multipliée par l'intensité carbone régionale pour estimer les émissions. Soutenu par Mozilla et la communauté Data for Good, CodeCarbon permet aux développeurs de quantifier et réduire l'impact environnemental de leur code.

CodeCarbon en Action : Fonctionnalités et Démonstration

Luis a démontré la facilité d'utilisation de CodeCarbon, présentant son interface en ligne de commande (CLI) et son intégration Python. Après installation via pip install codecarbon, les utilisateurs peuvent exécuter `codecarbon` monitor --no-api pour suivre le matériel local sans envoyer de données à une API. Sur un processeur Apple M1, CodeCarbon utilise des outils comme `powermetrics` (nécessitant un accès `sudo`) pour mesurer la consommation énergétique, générant des résultats dans un fichier CSV à intervalles configurables. Pour les développeurs Python, CodeCarbon offre un contrôle précis via la classe `EmissionTracker` ou un décorateur pour surveiller des fonctions spécifiques. Dans une démonstration sur Google Colab, Luis a exécuté un modèle Gemma 2B pour générer un poème sur PyData Paris, suivant les émissions pour le chargement du modèle et les tâches d'inférence. Le tracker, configuré avec un ID de projet et une clé API, a envoyé les données à un tableau de bord protégé par mot de passe, une amélioration récente par rapport au tableau de bord ouvert, développée avec le financement de Mozilla. La démonstration a comparé les émissions pour le même code exécuté en France (énergie nucléaire à faible carbone) et en Inde (réseau fortement dépendant du charbon), révélant des émissions trois à quatre fois plus élevées en Inde (0,1 g vs 0,4 g de CO_2). Cela a mis en évidence l'impact de la localisation et du moment, les régions dépendantes du solaire émettant moins en journée. L'intégration de CodeCarbon avec les données en temps réel d'Electricity Maps améliore la précision, bien que le mode hors ligne utilise des moyennes statiques.

Réduire les Émissions et Perspectives

Futures

Benoît a présenté des mesures pratiques pour les développeurs afin de réduire leur empreinte carbone. Utiliser CodeCarbon pour surveiller les émissions est un point de départ, tandis que des outils comme Ecologist, un autre package Data for Good, estiment les émissions des appels API. Les data scientists peuvent affiner des modèles plus petits pour la production, réduisant les coûts d'inférence, car des modèles comme Gemma 2B consomment moins d'énergie que des modèles plus grands comme Llama 3. Choisir des régions à faible intensité carbone pour le déploiement cloud, comme la France par rapport aux zones dépendantes du charbon, réduit considérablement les émissions. Planifier les calculs pour coïncider avec les pics d'énergie renouvelable (par exemple, solaire en journée) optimise encore l'impact. Les développeurs front-end peuvent concevoir des interfaces écoénergétiques pour prolonger la durée de vie des appareils, tandis que les utilisateurs peuvent minimiser les requêtes IA inutiles, une requête ChatGPT émettant environ deux fois plus de CO_2 qu'un kilomètre en voiture à carburant. Les futures améliorations de CodeCarbon incluent un tableau de bord amélioré avec des données de consommation en série temporelle et un support matériel plus large. L'équipe, entièrement bénévole, invite à contribuer via GitHub, avec le soutien de Mozilla et Clever Cloud. En intégrant CodeCarbon dans les flux de travail, les développeurs peuvent prendre des décisions éclairées, équilibrant performance et durabilité, et contribuer à un écosystème IT plus vert.

Liens

- Replay sur YouTube: https://www.youtube.com/watch?v=z9jaloeED8Y
- Repo GitHub de CodeCarbon: https://github.com/mlco2/codecarbon
- CodeCarbon sur LinkedIn: https://www.linkedin.com/feed/update/urn:li:activity:7245529358763724803/
- Site web de Mozilla: https://www.mozilla.org/

Sur la Structure et la Reproductibilité des Packages Python

Maria Knorps et **Z. Zhang**, ingénieurs de données chez Modus Create, ont présenté « Sur la structure et la reproductibilité des packages Python » . Cette conférence a analysé les structures et la reproductibilité des packages Python à l'aide d'une approche basée sur les données, comparant les packages PyPI les plus populaires aux projets de recherche biomédicale. Organisée par PyData, une initiative de NumFOCUS, la session s'adressait aux data scientists, ingénieurs et amateurs de code propre. Maria et Z., mainteneurs de `FawltyDeps`, un vérificateur de dépendances open-source, ont révélé que 99,9 % des packages PyPI déclarent leurs dépendances, contre seulement 60 % des projets biomédicaux, soulignant les écarts de reproductibilité. Cet article explore leurs conclusions, le rôle de `FawltyDeps` et les mesures pratiques pour améliorer la fiabilité des projets Python.

Structures des Projets Python : Modèles et Pièges

Maria a commencé par questionner la manière dont les projets Python sont structurés et s'il existe une approche « évidente », en référence à l'idéal du Zen de Python d'une seule méthode claire. En pratique, la complexité conduit à des structures variées, souvent évoluant de manière chaotique sans documentation. Les modèles courants incluent les projets avec un répertoire principal nommé comme le projet, un répertoire src, aucune structure principale (structure racine) ou un nom différent (par exemple, packages d'espace de noms). Leur hypothèse, inspirée par des outils comme Cookiecutter, était que la plupart des projets suivraient le modèle de même nom. En analysant 2 260 projets biomédicaux et 1 018 packages PyPI, ils ont constaté que les projets biomédicaux privilégient un modèle de « nom différent » (plus de 50 %), souvent sous forme de collections non structurées de notebooks ou scripts, avec 20 % utilisant une structure racine. Les packages PyPI étaient plus équilibrés, avec un tiers dans les modèles de même nom et de nom différent, reflétant l'adhésion aux normes de packaging. Cette divergence suggère que les projets biomédicaux privilégient l'expérimentation à la maintenabilité, risquant la désorganisation. Un projet bien structuré, avec des dossiers dédiés pour les données, notebooks et scripts, plus un `pyproject.toml` pour les dépendances, améliore la clarté et la réutilisabilité, comme une maison bien rangée évitant les confusions entre « crème à raser et dentifrice ».

Reproductibilité : Dépendances et Déclarations

Z. a souligné la reproductibilité comme essentielle pour la validation scientifique et la stabilité logicielle. La reproductibilité varie de non reproductible (par exemple, fichiers perdus) à totalement reproductible avec des dépendances verrouillées. Leur expérience a utilisé `FawltyDeps` pour évaluer les déclarations de dépendances, supposant que les packages PyPI seraient très reproductibles en raison des attentes des utilisateurs, tandis que les projets biomédicaux pourraient être en retard en raison de priorités différentes. Les résultats ont confirmé cela : 99,9 % des packages PyPI déclaraient des dépendances, contre 60 % des projets biomédicaux, avec seulement 50 % déclarant des dépendances « réelles » (excluant les configurations uniquement pour métadonnées). Les méthodes de déclaration de dépendances variaient également. Les projets biomédicaux privilégiaient requirements.txt (le plus simple) ou setup.py, tandis que les packages PyPI favorisaient `pyproject.toml`, reflétant les tendances modernes. Les chevauchements dans les méthodes de déclaration étaient plus marqués dans les packages PyPI, indiquant des pratiques robustes. L'absence de verrouillage des versions dans les projets biomédicaux, soulevée par un participant, complique encore la reproductibilité, car des dépendances non déclarées ou mal assorties (par exemple, dépendre de NumPy via pandas) peuvent casser les environnements. `FawltyDeps` aide en identifiant les dépendances non déclarées ou inutilisées, s'assurant que les importations correspondent aux déclarations.

Mesures Pratiques et Étapes Futures

Maria et Z. ont conclu que les projets biomédicaux nécessitent des améliorations structurelles et de dépendances pour renforcer la reproductibilité, tandis que les packages PyPI constituent un exemple solide. Ils encouragent l'adoption de structures standardisées (par exemple, via Poetry ou UV) et la déclaration des dépendances dans `pyproject.toml` pour garantir des environnements reproductibles. `FawltyDeps`, intégré dans les pipelines CI ou comme crochet pre-commit, automatise les vérifications de dépendances, détectant les erreurs tôt. L'équipe a partagé la reproductibilité de leur expérience, hébergeant le code dans une branche dédiée de `FawltyDeps` et un dépôt d'analyse, invitant à des contributions communautaires. Ils ont mis en avant les données ouvertes de PyPI comme une ressource pour l'analyse de l'écosystème, encourageant les développeurs à explorer les métadonnées pour des idées. Les travaux futurs incluent une analyse plus approfondie avec `FawltyDeps` pour vérifier si les dépendances déclarées correspondent aux importations, abordant les problèmes comme les déclarations incorrectes. Pour les chercheurs biomédicaux, où les incitations aux bonnes pratiques sont faibles, ils proposent d'intégrer des outils comme `FawltyDeps` dans les GitHub Actions pour imposer des normes sans effort manuel. En diffusant ces pratiques, les développeurs peuvent améliorer la fiabilité des projets, faisant progresser la science reproductible et le développement logiciel robuste.

Liens

- Replay sur YouTube: https://www.youtube.com/watch?v=PB4NTTxYExs
- Site web de Modus Create: https://moduscreate.com/
- Repo GitHub de FawltyDeps: https://github.com/fawltydeps/fawltydeps

Traitement des images médicales à grande échelle dans le cloud

Guillaume Desforges, ingénieur logiciel et données chez OWKIN, a présenté une conférence intitulée « Traitement des images médicales à grande échelle dans le cloud » . Cette session a exploré les défis du traitement des images de diapositives entières (Whole Slide Images, WSIs) pour la détection du cancer à l'aide de le machine learning, en mettant l'accent sur des solutions évolutives basées sur le cloud. Organisée par PyData, une initiative de NumFOCUS, la conférence s'adressait aux data scientists, ingénieurs en machine learning et chercheurs en imagerie médicale. Guillaume a partagé des idées issues de son travail chez OWKIN, une entreprise MedTech qui fait progresser l'oncologie grâce à l'IA, soulignant comment l'infrastructure cloud peut traiter efficacement les WSIs massives. Cet article examine l'importance des WSIs, les obstacles techniques du traitement d'images à grande échelle et les stratégies cloud pratiques pour autonomiser les chercheurs.

Le rôle des images de diapositives entières en oncologie

Guillaume a présenté les WSIs comme des outils essentiels en pathologie numérique, en particulier pour l'oncologie, l'étude du diagnostic et du traitement du cancer. Les WSIs sont des images microscopiques à haute résolution de biopsies tissulaires, capturant souvent des diapositives entières avec des millions de cellules. Ces images, pouvant atteindre 10 Go par fichier, permettent aux cliniciens de détecter les cellules cancéreuses grâce à des algorithmes de segmentation, où les réseaux neuronaux excellent. Contrairement aux ensembles de données d'images typiques avec des données tabulaires réduites, les WSIs posent des défis uniques en raison de leur taille et de leur complexité. Une seule WSI peut contenir 200 000 x 150 000 pixels à un grossissement de 40x, nécessitant des niveaux de pyramide sous-échantillonnés (par exemple, 20x) pour différents cas d'utilisation, comme des vignettes pour une inspection rapide ou une pleine résolution pour l'entraînement ML. L'objectif est d'aider les cliniciens en automatisant la détection du cancer, en réduisant le temps d'analyse et en priorisant les régions susceptibles de contenir des cellules cancéreuses. Guillaume a souligné le rôle de la détection précoce dans l'amélioration des taux de survie, notant que les WSIs permettent à le machine learning d'exclure les zones non cancéreuses, libérant les cliniciens pour se concentrer sur les régions critiques. Cependant, traiter des fichiers aussi volumineux et non standards nécessite une infrastructure robuste, rendant les solutions cloud essentielles pour l'évolutivité et la flexibilité.

Défis et solutions pour le traitement des WSIs

Le principal défi des WSIs réside dans leur taille et leurs formats propriétaires, tels que SVS, MIRAX et DICOM, qui diffèrent des fichiers TIFF standards. Guillaume a mis en avant OpenSlide, une bibliothèque C open-source avec des bindings Python, comme un pilier pour lire les formats WSI. OpenSlide permet d'accéder aux métadonnées (par exemple, niveaux de zoom, dimensions) et d'extraire des régions sous forme de rasters pour l'entraînement des réseaux neuronaux. Cependant, sa dépendance aux gestionnaires de fichiers C nécessite un accès local aux fichiers, ce qui est inefficace dans les environnements cloud comme Azure Blob Storage. Guillaume a présenté trois solutions pour combler cet écart.

Solution 1 : Copie de fichiers consiste à télécharger entièrement les WSIs sur le stockage local, ce qui est simple mais gaspille des ressources pour un traitement spécifique à une région.

Solution 2 : FUSE avec BlobFuse2 monte le stockage cloud comme un système de fichiers local, permettant à OpenSlide de lire les fichiers de manière transparente via le mode streaming, bien que cela nécessite une configuration DevOps complexe et ne soit pas supporté sur macOS.

Solution 3 : TiffSlide, une bibliothèque Python, utilise fsspec pour lire directement les fichiers cloud, offrant un remplacement direct pour OpenSlide avec une configuration minimale. Bien que `TiffSlide` supporte moins de formats et soit moins performant, son intégration avec `fsspec` le rend idéal pour les flux de travail natifs du cloud. Guillaume a démontré une implémentation de dataset `PyTorch` utilisant `TiffSlide`, mettant l'accent sur le traitement par patchs pour gérer les tailles des WSIs en divisant les images en grilles, bien que la sélection stratégique des patchs (par exemple, en décalant pour capturer les cellules en bordure) reste cruciale.

Évolutivité avec le cloud et le calcul distribué

Pour surmonter les goulets d'étranglement de performance, Guillaume a abordé les temps de chargement des données lents qui dépassaient les étapes d'entraînement GPU, gaspillant des ressources de calcul. Le parallélisme a amélioré l'efficacité, mais atteindre l'échelle requise (par exemple, un parallélisme de 90) exigeait un calcul distribué. Il a introduit Ray, une bibliothèque Python pour le calcul distribué, déployée via des charts Helm Kubernetes grâce à KubeRay. Ray permet aux data scientists de se concentrer sur la recherche en abstrayant les complexités de l'infrastructure. Dans son exemple, un dataset Ray a été créé à partir d'un DataFrame Pandas listant les URLs des WSIs et les spécifications des patchs, distribué sur un cluster avec un nœud principal (pour l'entraînement GPU) et huit nœuds travailleurs (pour le traitement des données). L'exécution paresseuse de Ray et les opérations map ont généré efficacement des patchs, convertis en batches compatibles PyTorch. Les utilisateurs soumettent des jobs via le CLI Ray, en spécifiant des modules Python et des dépendances, avec un développement local pris en charge sans cluster. Cette configuration a permis à OWKIN de traiter les WSIs à grande échelle, réduisant les temps de chargement des données et maximisant l'utilisation des GPU. Guillaume a conclu que cette infrastructure permet aux chercheurs de prioriser le développement d'algorithmes, faisant progresser la pathologie numérique. Le blog d'OWKIN offre d'autres perspectives sur ces techniques, encourageant la collaboration avec des ingénieurs passionnés par l'IA médicale.

Liens

- Replay sur YouTube: https://www.youtube.com/watch?v=GHTPLJpzgtM

- Site web d'OWKIN: https://owkin.com/
- Repo GitHub d'OpenSlide: https://github.com/openslide/openslide

Édition collaborative dans Jupyter

David Brochart, développeur chez QuantStack, a présenté « Édition collaborative dans Jupyter » . Cette conférence a exploré la collaboration en temps réel (RTC) dans Jupyter, rendue possible par les Types de Données Répliquées sans Conflit (CRDTs), offrant une expérience similaire à Google Docs. Organisée par PyData, une initiative de NumFOCUS, la session s'adressait aux data scientists, développeurs et utilisateurs de Jupyter. David a démontré comment les CRDTs distribuent les données entre les clients, résolvant automatiquement les conflits et permettant des fonctionnalités comme les systèmes de suggestion, le chat et l'exécution côté serveur. Il a mis en avant les capacités peer-to-peer de JupyterLite, mettant en évidence une architecture distribuée. Cet article examine l'impact transformateur des CRDTs, leur implémentation dans Jupyter et leur potentiel pour redéfinir les flux de travail collaboratifs.

Les CRDTs : la colonne vertébrale de la collaboration en temps réel

David a présenté les CRDTs comme des « structures de données avec des superpouvoirs », permettant des éditions simultanées sur des clients distribués sans serveur central. Contrairement au Jupyter traditionnel, où des éditions simultanées déclenchaient des avertissements de conflit, les CRDTs permettent à plusieurs utilisateurs de modifier des documents partagés en temps réel, avec des changements synchronisés via WebSockets (JupyterLab) ou WebRTC (JupyterLite). Les CRDTs, comprenant du texte, des tableaux ou des cartes (chaînes, listes, dictionnaires Python), sont répliqués localement sur chaque client, avec des algorithmes garantissant des états de document cohérents malgré des modifications concurrentes. Par exemple, si deux utilisateurs insèrent « A » et « B » à la même position, les CRDTs résolvent les conflits de manière déterministe, contrairement aux systèmes centralisés qui introduisent de la latence ou échouent hors ligne. David a comparé les CRDTs aux architectures basées sur serveur, notant leur faible latence, leurs capacités hors ligne et leur transparence, car les changements se synchronisent en arrière-plan. Dans Jupyter, les CRDTs alimentent les applications locales d'abord, où les clients possèdent les données et réagissent aux mises à jour externes, réduisant la dépendance aux serveurs. Ce changement de paradigme soutient les systèmes distribués comme JupyterLite, où les connexions peer-to-peer éliminent la dépendance au serveur, améliorant le contrôle des utilisateurs et la confidentialité des données.

Implémentation des CRDTs dans l'écosystème Jupyter

David a détaillé l'intégration des CRDTs dans JupyterLab et JupyterLite, en s'appuyant sur des bibliothèques comme Yjs (JavaScript), Jupyter-ydoc et Jupyter-collaboration. Dans JupyterLab, Yjs crée des structures partagées pour les notebooks et le texte, avec Jupyter-collaboration utilisant WebSockets pour connecter les navigateurs à un serveur hébergeant des « salles » pour les documents partagés. L'enregistrement automatique et les changements externes (par exemple, via le terminal) sont gérés de manière transparente. Dans JupyterLite, Jupyter-share-drive utilise WebRTC pour le partage de fichiers peer-to-peer, traitant le système de fichiers comme un document partagé. Les fichiers n'existent que tant que les clients sont connectés, nécessitant un export vers un stockage persistant. David a démontré des fonctionnalités activées par les CRDTs : une **chronologie de documents** utilisant un gestionnaire d'annulation pour revenir à des états antérieurs du notebook, un **système de suggestion** imitant Google Docs (bien qu'avec une interface basique), et un **système de chat** (Jupyter-chat) pour la messagerie en temps réel. Il a montré une collaboration inter-plateforme entre JupyterLab et GM, un client basé sur terminal, soulignant l'universalité des CRDTs. L'exécution côté serveur, prise en charge par le serveur Jupyverse, simplifie les tâches front-end en gérant la communication avec le noyau, synchronisant les sorties via les CRDTs. Cela permet aux utilisateurs de fermer les navigateurs pendant les tâches longue durée et de récupérer les états à la reconnexion, résolvant un problème de longue date dans Jupyter.

Potentiel futur et impact communautaire

David a envisagé que les CRDTs redéfinissent l'architecture de

Jupyter, avec Yjs pouvant remplacer les bibliothèques enveloppantes comme observable pour une intégration directe. Les widgets collaboratifs, via WipyWidgets, visent à étendre les CRDTs aux sorties dynamiques comme les curseurs et les grilles de données, permettant la restauration de l'état entre les sessions. Des projets comme Jupyter-CAD et Jupyter-G exploitent déjà ces avancées. La nature distribuée des CRDTs les rend idéaux pour JupyterLite, favorisant une collaboration sans serveur et permettant aux utilisateurs de posséder leurs données. David a comparé Yjs à des alternatives comme Automerge, notant la maturité de Yjs, ses bindings Python (via PyCrdt) et sa communauté active comme des facteurs décisifs. Les développements futurs incluent l'amélioration de l'interface utilisateur du système de suggestion, la modélisation des API de noyau avec les CRDTs et l'expansion des fonctionnalités distribuées. En permettant une collaboration en temps réel sans conflit, les CRDTs améliorent l'utilité de Jupyter pour les équipes, les chercheurs et les éducateurs. David a invité à contribuer à Yjs et à l'écosystème de Jupyter, soulignant l'engagement de QuantStack envers l'innovation open-source. Cette conférence met en lumière le potentiel des CRDTs pour transformer la science des données collaborative, faisant de Jupyter un leader dans les flux de travail distribués et centrés sur l'utilisateur.

Liens

- Replay sur YouTube: https://www.youtube.com/watch?v=VXXLnmGqAO4
- Site web de QuantStack: https://quantstack.net/
- Repo GitHub de Yjs: https://github.com/yjs/yjs